儿童早期发展中的观察与评估

[德] 沃尔夫冈·波特
[德] 西尔维娅·海尔楚格　著
[德] 克莉丝汀·诺恩海姆

王　晓　译

复旦大学出版社

使用说明

1. 刮开书后封底二维码的遮盖涂层；

2. 使用手机微信扫描二维码，根据提示注册登录后，完成本书配套在线资源"观察表格"的激活；

3. 激活在线资源成功后，您可以关注"幼师宝"公众号，点击菜单"云平台"-"教学资源"，方便在微信里日常使用；

4. 您也可以在pc浏览器里，进入复旦学前云平台网址：www.fudanxueqian.com，使用当时激活时绑定的手机号登录，进入"在线资源"入口，实现在pc上使用资源；

5. 平台技术支持热线：029-68518879。

序言

致 陪 伴

在天空中最闪亮的是太阳，在家庭中最闪亮的是孩子。

我们沉浸于和孩子在一起的特殊时刻：婴儿出生后的第一个微笑、探索新事物时眼中闪烁的光、和父母坚定而幸福的拥抱，以及被老师表扬时自豪的目光。对于父母和老师来说，陪伴并且支持孩子的成长和发展是我们生命中的一个礼物，但同时也意味着我们肩负着很重要的责任。孩子是一块珍宝，我们要了解、保存并且保护他们的光芒。

大约18年前，我开始在德国的幼儿园参与制订对儿童学习故事的观察方案。那时我就意识到，发现儿童发展和学习进程中的重要细节有多么重要。当我们仔细观察儿童的时候，我们能了解到，儿童对一件事情有多么感兴趣，他们如何深入参与一件事情，如何与人沟通，如何处理困难以及如何对自己和他人负责。同时我们可以确定儿童在什么时候需要恰当的支持和帮助。

所以，对儿童的观察和评估工作绝不是单独进行的，而应该结合教学活动的反馈。在日常教育活动中，教师要给予儿童高度的重视。儿童最初的学习，是在敏感关系中实现的。他们需要一个学习环境，让他们感到舒适并敢于尝试，同时，他们的观点要能够被听取和尊重。作为老师，我们首先必须倾听儿童的声音，并给予他们极大的关注和尊重。

我在上海这个充满活力的城市生活了两年。期间我多次访问上海的幼儿园，中国的幼儿教师与孩子们之间良好的互动以及记录墙上孩子们成长的记录，都给我留下了深刻的印象。我很欣慰地发现，很多老师都在尝试倾听孩子们的话并与他们交谈。通过众多研究项目我们发现，教育者敏感和及时的反应和赞赏能很大程度促进儿童的良好发展。因此，我们必须理解儿童在思想和行为中表现出的情感，并以我们自己的热情来鼓励孩子们学习。

在本书中，三位作者给我们介绍了丰富的方法，让我们能够在园所中给予儿童良好的陪伴和支持。对这些方法所依赖的理论基础，书中也做了详细介绍。此外，本书对于观察和评估先决条件的解释如儿童教育的伦理基础等，为幼儿教育工作者们提供了重要的思考依据。本书结尾部分是对幼儿教育专业人员的自我观察和自我反思。因此，这本书也是一颗宝石，可以帮助幼儿教师保护和陪伴我们拥有的最珍贵的东西——儿童。

德国国家幼儿教育委员会专家委员
德国富尔达应用技术大学儿童早期教育学
雷吉娜·雷姆斯派尔格-基姆　教授、博士

目录

绪论   1

第一部分
理论基础：观察、诊断和记录   7

一、前提条件   9

1. 伦理观点   9
2. 观察与诊断的出发点   9
3. 儿童早期发展   10
4. 幼儿园中发展诊断的结果   13
5. 早期儿童教育   13
6. 幼儿园中教育诊断的结果   16

二、理论基础：观察   19

1. 观察和感知   19
2. 专业的观察   20
3. 观察的形式   21
4. 观察的风险与界限   23

三、理论基础：测试　　　　　　　　　　　　　　　　　25

1. 目标　　　　　　　　　　　　　　　　　　　　　　25
2. 测试的特征与条件　　　　　　　　　　　　　　　　25
3. 幼儿园中使用测试方法的建议　　　　　　　　　　　27

四、理论基础：记录　　　　　　　　　　　　　　　　　29

1. 观察和记录领域中的定位　　　　　　　　　　　　　29
2. 记录的目的、内容和评估步骤　　　　　　　　　　　30
3. 记录的组织和形式　　　　　　　　　　　　　　　　33

五、理论基础：在幼儿园中进行专业的观察和记录　　　39

1. 前提条件　　　　　　　　　　　　　　　　　　　　39
2. 制订方案　　　　　　　　　　　　　　　　　　　　41
3. 实践中实施　　　　　　　　　　　　　　　　　　　43

六、幼儿教师的自我观察和自我反馈　　　　　　　　　46

第二部分
实践中的观察、测试与评估   49

一、观察方法概述   51

1. 聚焦"发展"的观察和评估方法   51
2. 聚焦儿童"教育与学习"的观察和评估方法   52
3. 聚焦幼儿教师"自我观察和反馈"的观察和评估方法   53

二、聚焦"发展"的观察和评估方法   54

1. 聚焦儿童发展的普遍性方法   54
2. 聚焦儿童交流能力发展的方法   69
3. 聚焦儿童运动机能和感知的方法   74
4. 聚焦儿童社会情感发展的方法   87

三、聚焦儿童"教育与学习"的观察和评估方法   100

1. 儿童早期教育进程的观察与记录   100
2. 儿童教育进程的观察表   106
3. 认知树   109
4. 儿童日常教育互动视频回顾法   112

四、聚焦幼儿教师"自我观察和反馈"的方法   117

1. 日常互动活动观察法   117
2. 教育手册创建法   120
3. 教师、儿童运动互动的观察和分析   127

参考文献   131

绪论

对儿童发展和教育进程进行系统的、有目的的结构化观察和记录是当前幼教工作者最为重要,也最为复杂的工作之一。观察和记录工作在学前教育领域中具有重要意义。一方面,我们可以通过观察和记录尽量完备地收集并挖掘出儿童自身的能力和潜力;另一方面,我们需要尽早地察觉出儿童在幼儿园或者家庭生活中所表现出的早期发展风险及障碍。因此,仅依靠传统的、普通的、基于幼儿园日常教学活动的观察方法往往是不够的。我们还应该运用一些其他的方法,来对儿童的整体或单项的人格领域发展进行观察,并且进行必要的测试和评估。因此,我们将"观察"与"诊断"两个概念放在一起。

"诊断"一词在早期教育工作领域并不常用,更多情况下用于医疗或心理治疗等方面。但是我们在这里所提到的"诊断"与医学中所涉及的"诊断"概念有根本的区别。我们在早期教育领域中所提到的"诊断"概念更多的是采用其希腊语起源中的意义,即**"通过某种方式来识别事物"**。在本书中提到的"诊断"主要从教育学意义出发,也就是对儿童发展的评估。

我们在精心选择观察和诊断方法的同时,也不能忽略给园中的每个幼儿提供优越的条件,设置适合他们特点的教学活动,以充分发挥他们的优势,挖掘他们的学习潜力,促进身体健康,帮助他们茁壮成长。进行专业系统的观察和诊断是一项很复杂的工作,需要幼教工作者做好精心的准备工作,并选择适当的实施方法。

本书为儿童早期发展中的"观察与评估"提供全面的理论和实践引导,共分为两个部分。理论部分中,我们在幼儿园系统工作安排的基础上，研讨成功开展儿童早期发展中的观察及评估的前提条件是什么。这部分主要包括伦理观点、相关发展理论以及儿童教育理论等。同时，我们对本书中的核心概念和定义进行阐释，例如"观察"和"感知"这两个概念，两者之间有很多的不同点，我们就其形式、特征和局限性等进行了更为详细的解读。此外，我们也就"测试"等一系列重要的工作方法进行了详细的解释和说明。

理论部分的核心内容，是如何在日常教育活动中进行观察工作，并且将观察结果进行详细客观的记录，同时还能让儿童能够轻松地查阅观察的结果。理论部分在最后还对于如何进行专业的观察和评估工作给出了建议，并且指导幼儿教师进行自我反馈和自我观察。

实践部分主要包括一些适用于幼儿园日常工作的观察、诊断和测试的具体方法。每种方法我们都会从概况、实践案例、整体分析等方面进行详细的介绍，此外还会提供具体的实践案例。对于每种方法，我们进行了客观的评价，同时注意兼顾批判性。在实践部分本书还提供了具有操作性的表格工具，扫描书本封底的二维码即可获得。

为便于幼教工作者选择合适高效的方法，我们将这些方法进行了归类整理，主要分为四大板块：第一板块是测试和评估儿童整体发展状况的方法概述；第二板块聚焦儿童不同的单项发展和学习领域；第三板块聚焦儿童的教育与学习进程；第四板块，我们呈现了面向广大幼教工作者的工作方法，幼教工作者能够通过这些方法进行专业的自我观察和自我反馈，以促进自身业务水平和工作质量的不断提高。

照护和教育

幼儿教师在工作中所面临的要求、挑战和任务都是非常复杂的。这些工作大多可以被归类为"照护"和"教育"。在每个教学领域中，观察和诊断都起着至关重要的作用。

首先，"照护"这个概念是指教师可以满足儿童的基本需求，为日后更好地开展早期教育和学校教育打下坚实基础。"照护"主要侧重于对儿童的照看和保护，以保障他们身心健康，自由成长，高质量的照护要确保符合儿童的年龄和实际需求。儿童的健康成长需要足够的营养，好的卫生条件，同时还需要一些物质材料和心理条件，这样才可以让儿童在幼儿园中轻松舒适，进而促进人格独立自主地发展。

"教育"这个概念我们可以从两个层面来理解。首先是教师在幼儿园中有计划、有目的、有组织地开展各种教学活动。通过这些活动，儿童的人格、知识、能力和行为方式都能够得到学习和锻炼。这一部分的目标范围主要涉及依恋、学习动机、责任意识，以及平等意识和自我控制能力等。

另一方面，我们将"教育"理解为一个过程。它既包括"内在力量"的发展和训练，也包括知识的获取和世界观的建立。教育既是一个儿童自己主导的过程——"自我教育"，同时又是一个通过"第三者"——此处指幼儿教师——组织的知识传授过程。这个过程的目的是帮助儿童习得语言、技巧等。从这个意义上讲，教育是一个集强化认知、培养道德、融入社会和情感学习于一体的过程。

无论是自我教育还是幼儿教师组织和陪伴的外部教育，在儿童早期发展中都非常重要。儿童通过自己的内在动力和外界推动，逐渐拥有了自己的独立人格，呈现出鲜明的个性特征，对世界也有了自己的认知和理解。

"照顾"和"教育"在日常实践中紧密交织，相辅相成。为了能够给予儿童适当的、符合他们需求的陪伴和支持，在日常教育过程中，进行专业的观察、诊断和记录工作，是必不可少的。

观察与诊断

在幼儿园日常活动中对儿童进行观察并不是一个新的话题。福禄贝尔指出，"观察"是幼儿教师的重要行为能力，通过观察能够评估儿童的学习和发展状况，并且制定相对应的教育活动。[1] 所以不管是日常的观察，还是用标准化的方法进行针对发展和教育过程的观察活动，都是非常重要的。在德国早期教育领域的教育计划和纲领中，观察和关于观察内容的研究讨论是教育活动开展的中心步骤。通过持续的观察我们能够感知和理解儿童正在做什么，以及他们是如何对待和理解这个世界的。

"诊断"这个概念大多用于医疗或心理治疗，在早期教育领域出现的并不多。这个词起源于希腊语，最初的含义是"通过某种方式识别某物"。我们在这里将它与医学上的诊断区别开，用作幼儿园教育实践中相关活动的一个概念。从教育学的意义上来看，诊断的含义是指收集并且评估儿童的整体发展和单项人格领域发展情况。

本书将幼儿园中的诊断进行了如下定义：

总体而言，诊断是使用适当的方法和程序评估儿童的发展、教育和学习进程，目的是支持儿童的整体发展和自我教育潜能的发展，同时也为尽早发现儿童发展中的问题和异常提供了支持。

1　König, A. "Dialogisch-entnickelnde Interaktionsprozesse als Ausgangspunkt für die Bildungsarbeit im Kindergarten". In: Carle, U. & Wenzel, D. (Hrsg.): Fruehes Lernen, Jahrgang 4, Ausgabe 1. 2007.

在这个定义中我们一方面强调诊断工作对于幼教工作者而言的复杂性和多面性，另一方面我们强调的是方法和技术，即如何在观察中提取我们需要的信息，并做出正确分析。

学前教育工作者们的能力

能够感知到儿童的行为，并且能够通过观察、活动和团队讨论得出结论，是幼教工作者们必须具备的专业能力。具备了这一能力才能够对儿童进行专业的、个性化的照护，做好教育工作。教育工作者们应该具备如下能力：

能够感知到每位儿童的独特性；

认识并且理解儿童的兴趣和需求，并且能发现新的潜能；

观察儿童的发展，并且将儿童的学习和教育过程清晰地记录下来；

捕捉小组中儿童之间的社交关系和游戏状况；

能够计划并且实施不同的教育活动，能够创设相应的学习环境；

能够分析场景、空间和成功的教育措施；

能梳理归纳教育工作的过程和结果；

能够通过观察和记录向家长进行解释，并且进行专业的交流；

能够独立地强化和拓展自己的专业能力；

能够在专业人员的帮助下尽早地发现并避免儿童发展过程中的问题和异常状况。（Schuster et al., 2006）

因此，幼儿园的任务是确保所有的儿童都能够获得他们所需要的教育服务，并且根据他们各自不同的特点给予相应的支持。但是这项任务实施的前提是，幼儿园中具备足以支持教育教学活动开展的完备的软件和硬件条件，并且有专业的整体方案。在这个体系中，观察、记录和诊断是重要的组成部分。

幼儿园的任务

幼儿园中的观察和评估是过程化的，总是以或长或短的形式出现。这个过程遵循特定的规则，并且已经得到科学的证实，同时也会受到一些外界因素的影响（见图"在幼儿园中影响观察和诊断的多样性因素"）。日常观察和针对性的诊断并不互相排斥，两者在幼儿园的教育日常中都非常重要。比如通过观察，教师可以了解，儿童是否有意愿参加标准化的测试诊断。

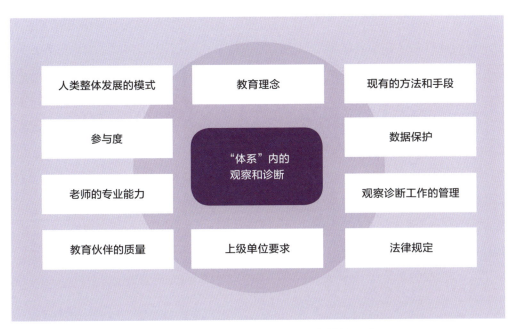

在幼儿园中影响观察和诊断的多样性因素

正在进行观察的老师

除了日常的观察外，在实践中我们还会使用一些特殊技术或者是补充性的方法，这主要取决于我们要对哪名儿童或者哪个小组进行研究。

幼儿园系统完备的整体教育方案为成功地实施观察和诊断提供了很好的基础。教师可以日复一日地在日常情景中，在游戏中，在规定的任务中，甚至在入园或者离园的过程中对儿童进行观察（见图"正在进行观察的老师"）。这些观察融入日常的活动中，儿童不会察觉到，更不会感觉到观察的气氛。这样得到的所有的印象都是真实的、客观的。除此之外，幼儿园中其他的同事也在观察这些孩子们，所以我们就能把彼此的观察内容和评估结果进行交流和比较，这样得到的结果就更具有说服力。如此一来，我们就能以此为依据判定儿童的实际需求，并有针对性地为其设计教育活动。

此外，我们不仅能够在幼儿园中将观察结果和相应的教育活动与措施联系起来，在其他环境下，如儿童的日常生活中或者游戏过程中，我们也总是有机会能够把儿童展现出来的进步和退步情况重新识别并做出评估。

第一部分 理论基础:观察、诊断和记录

一、前提条件

1. 伦理观点

对儿童发展过程的观察和记录都必须结合社会伦理。其中,"重视尊严""尊重儿童""孩子的幸福与保护"以及"资源定位"等都是基本的伦理要素。根据德国儿童法第3条和第12条(Kinderrechtskonvention Art 3. und Art 12.)中的相关内容,儿童隐私权必须得到充分保障。教育者们在进行观察和记录工作时必须有高度的责任感,并且能够充分认识和尊重伦理上的隐私界限。儿童的发展环境和行为往往具有个人性和私密性,且通常呈现出一个相对封闭的小世界。因此近距离地观察儿童是存在一定风险的,这种风险要求教育者要有保障儿童隐私权的高度敏感性。保障儿童隐私权的观察是在儿童视线范围内进行的,这种观察通过进行专业的自我反思和直接的对话来深入关注儿童。教育者要从幼儿自身独特的方面入手,去理解幼儿,陪伴幼儿,并促进幼儿的发展(Stratz, Demandewitz, 2005)。另一方面,儿童也知道自己正在被观察,并且了解是怎么进行观察的。在幼儿园里对儿童进行观察和记录要遵循一项重要原则,即要充分尊重和保护儿童。这样的形式在法律意义上来讲才是真正有益于儿童教育事业发展的。

除了儿童隐私权之外,还有一些其他的权利需要被教育者充分关注,例如明确泄露隐私与个人信息使用之间的界限。在观察和记录儿童发展过程中会涉及大量的文章和图片资料等档案材料。对于能否使用这些信息,则应由儿童家长全权代表并作出决定(Beudels, Haderlein, Herzog, 2012)。

2. 观察与诊断的出发点

为了在教育实践中专业地观察和评估儿童的发展和教育进程,教育者们应对儿童早期学习、教育和发展进程了如指掌。很多研究学科比如神经生物学、发展心理学、社会学还有学前教育学方面的研究表明,儿童是自身发展和教育的积极参与者。

通过不断的了解和感知，儿童逐渐在不同的感官上接受了自己和自己所处的世界。他们通过自己的学习和与他人的交流构建了自己个性化的世界观。在这个基础上，他们有了自己的行动和经验。

所以童年早期的教育很大程度上是以儿童自我学习的形式进行的，这种自我学习在儿童教育实践过程中逐渐被接受并且得到了支持。为了能够在儿童的个人兴趣、能力发展过程中给予科学的陪伴，就必须要对他们进行专业的观察和诊断。所以教育工作者以什么样的姿态去面对儿童以及他们如何开展教育活动就显得尤为重要。这是所有早期教育活动的基础，也是观察过程的基础。

3. 儿童早期发展

人类的发展究竟是怎样一个过程，这个过程是如何进行的，这个问题在不同的研究阶段有着不同的答案。在过去很长一段时间里，发展这个概念首先被认为是"**自然成熟和成长**"，后来慢慢地侧重为学习能力，再后来被看作是儿童适应环境的能力。近几年才被广泛认为是儿童自己主导着自己的发展。

把发展看作"自然成熟和成长"的理论认为，发展的过程由个体先天的基因决定，人们也称之为"机体发展模式"。在这种理论背景下，发展被认为是个体的自然成长，外部影响只有在极特殊的敏感时期才有效。发展有一个固定的步骤，当最高阶段的个体发展完成时，人类个体的发展过程也就随之完成了。在这个设想中，对发展最重要的因素无疑是天资以及基因里的特质。

与之相反的"学习能力"理论认为，发展是通过外部环境影响实现的。因此，有目的的、有意识的，甚至包括偶然的、无意识的来自外部环境的影响对于发展的过程来说有决定性的意义。这种发展模式被称为"外源性发展模式"。在这种模式下，基因和天资不再是发展最重要的因素，取而代之的是能力培养和行为养成的学习过程。在发展的过程中，人类会不断被外界刺激而重新塑形，不断地适应现有的价值和规范。

另外一种"适应环境"理论则强调，人类终其一生都在努力适应周围的环境，也就是所处的"系统"。从这个意义上讲，发展是个体与环境之间的相互影响。发展在很大程度上就是儿童以及成人对其外部环境和体系的适应。一个人终其一生都在追求一种自身和外部环境的平衡状态，这种状态实现了，发展也就成功了。

而当前关于发展的理论则是将之前较为单一的发展理论，即"自然成长和成熟"理论、"学习能力"理论和"适应环境"理论等有机结合，围绕"个体自身活动"这一因素进行扩展。大量的研究调查表明，成人以及儿童都是独立的并且很大程度上有意识地参与着自身的发展。

发展中的儿童

儿童的自身活动是他们个性发展的内在动力。换言之：发展是在个体拥有天资的基础上，通过不断的学习和对外界环境的适应，进行积极自我塑造的一个综合过程。所以发展在一定程度上意味着创造和自我塑造。在这个过程中，个体和环境相互影响、相互适应。发展的过程不会随着成年而结束，而是会持续终生。成功发展的标志就是个体具备了社会能力、自我管理能力和认知能力（Montada, 2008: 10）。

这样一来就可以明确，为什么没有人能够复制他人的发展过程，即便是双胞胎也是如此。他们的外表非常相似，生活在同样的环境中，在同样的爱与关怀下成长，尽管如此，他们所表现出来的人格特点、言谈举止、兴趣爱好以及个人能力都不尽相同（Koglin, Petermann, 2010: 307）。

下面的表格"发展的模式"总结了上述几种个体发展理论。由此可以清晰地看到在每个理论中，环境和个体对于发展的不同作用。

交互的发展模式，也就是个体（儿童）与环境的相处模式，在下面的图表"交互的发展模式"中得以直观地呈现。通过图表，我们还能够解读出诊断的出发点和目的，比如儿童所处的环境或者家庭中的发展风险；成长过程中的发展障碍；特殊环境下的语言和交流行为，等。

发展的实质是人天性的进化。人类通过主动的学习，学会去处理个体与环境相互之间的依赖性和由此产生的社会要求。发展的目的是形成一个具有行为能力的、能够实现自我管理的、具有社会性并且有认同意识的独立人格。

		环　　境	
		积极的	不积极的
个　体	积极的	**互动理论** 人和环境相互交流相互作用 （如：布朗芬布伦纳）	**自我塑造理论** 人作为自身发展的塑造者＝自我控制的塑形过程 （如皮亚杰）
	不积极的	**外源性理论** 环境决定发展	**成熟理论** 人只有在特定的敏感时期才能接受外界刺激 （如克恩）

发展的模式

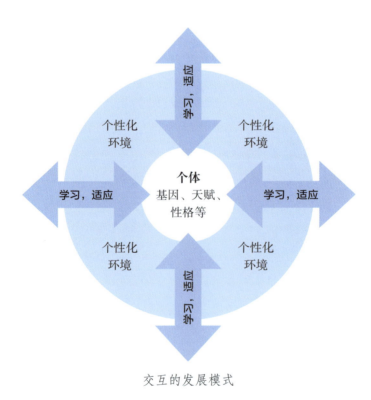

交互的发展模式

4. 幼儿园中发展诊断的结果

儿童的年纪越小，不同人格领域之间的联系就会越紧密。在研究儿童发展的过程中，要想了解每名儿童个体需要哪些方面的帮助，就不能够仅仅针对单独的"能力领域"，比如语言、智力以及认知等进行分离的评估判断。这种孤立的诊断是没有意义的。因此当代的诊断方法就充分考虑到了发展进程的"整体性"，也就是将儿童各类单项的人格特点有机融合，整合到一起进行总体的分析研判。

对儿童的诊断，尤其是对发展过程的诊断，往往存在"个性"与"共性"的冲突。仅仅针对某位儿童单独的人格领域或者特定的能力（如语言、运动机能）做孤立的诊断测试，其结果与其他同龄儿童的诊断数据和行为是没有可比性的，也无法从中得到能够用于教育实践（如心理诊疗）的有效结论。值得注意的是：儿童年龄越小，个体之间的差异就越大。也就是说，儿童之间有很大的差异性是非常正常的，而且对儿童诊断后得出的"极端数值"也并不直接代表着儿童是病态的或存在发展缺陷。雷莫-拉戈（Remo Largo）将此总结为发展的高度"跨个性化差异"。[1] 明确儿童发展的"里程碑"，是评估儿童发展的重要步骤。这对于客观判断幼儿的发展状况有很大帮助，远比表格中不加反馈的测试数据要有说服力。

对儿童的诊断必须要与儿童所处的环境结合起来进行，诊断及观察的结果也要结合儿童的生活环境来解读。为了促进儿童发展所采取的相应措施和某些特殊的教育活动，也要与儿童的生活环境充分结合，除此之外，还要符合儿童的兴趣和需求，并且考虑到儿童已具备的能力。

显然，在幼儿园中进行的诊断活动是为了及时发现幼儿的弱项以及未来可能出现的发展障碍和问题，但是诊断活动的进行也需要从中找到幼儿的长处和已有的优势。在日常生活中，教育者（抚养者）也应当像在系统的观察环境中一样，将目光聚焦在幼儿如何应对这些情境：尽管有明确的困难，但是儿童能否展现出特殊的兴趣或者能力？儿童在面对困难时能否保持积极乐观？儿童是否感觉幸福满足？一个尝试多次却始终没有成功的任务能否让他们不那么失望？儿童能否偶然地想到一个主意去成功解决一个难题？

5. 早期儿童教育

幼儿园属于教育系统，具有明确的教育任务。教育任务是否能完成，怎样完成，儿

---

1 Largo, R.H., Kinderjahre. Die Individualität des Kindes als erzieherische Herausforderung. 2001.

童能否真正在教育活动中受益，这些都取决于幼儿园的教育工作者们是否能够科学地观察儿童个体的发展进程，并且能否对儿童进步作出正确评估。同样，在日常生活中，教育者（抚养者）也应当像在系统的观察环境中一样，对儿童进行科学的观察。这种观察活动应该遵照何种理论，以何种目的进行，实质上就取决于教育者如何理解早期教育，如何定义教育的概念。

我们很难对**"早教"**和**"教育"**等进行精准地定义，并且目前现存的很多教育理论都不尽相同。尽管如此，教育工作者们还是要有能力清晰地区分**"教育""发展""早教"**和**"学习"**等概念。只有这样，教育活动才真正有意义并且能够对儿童发展起到促进作用。

在相关文献中，我们可以找到大量关于教育的定义，有的定义还十分复杂。过分关注不同的教育理论会耗费教育工作者大量的时间和精力，甚至无法完成既定的教学计划，这是得不偿失的。但是教育工作者必须明确的一点是：教育不同于学习，教育的内容远远多于学习的内容。教育面对的是一个复杂的程序，这个程序关系到儿童整体的人格。这个程序中，儿童的身体、精神、思想等都在不断地发展。

洪堡（Humboldt）对教育进行过如下解读，他认为：教育可以理解为一种精神上的自我活动，通过主体对客观世界和主观世界的态度而完成[1]。

我们很清楚，儿童的早期教育是无法通过标准化的方法来衡量的，从这一角度来讲，每名儿童都应该被持续地观察，以便深入地判断他们的自我教育是否成功，以及自我教育成功的必要条件是什么。

当前，关于儿童早期教育及教育方法等教育理论存在着诸多分歧，但是这些理论或多或少都是基于洪堡对教育的阐述。下面简要解读并区分一下舍夫勒（Schafer）、弗特基斯（Fthenakis）、拉尔文（Laewen）和安迪斯（Andres）以及舒斯特-朗（Schuster-Lang）的教育理论。

舍夫勒强调，教育始于出生，最初的教育即是儿童的自我教育。自我教育是基于儿童通过感官形成的认知和经验。这种认知经验不受外界和他人的控制和影响，并且促进了儿童世界观的初步形成。只有以这种主动的形式进入儿童思维世界的认知，才能被儿童作为个人经验进一步在头脑中加工。独立主动地去接受和学习世界，并且积极地应对外部环境，这是儿童早期教育的主要标志和特定因素[2]。

1　Humboldt, W. (1965): Bildung und Sprache. Paderborn: Schöningh.
2　Schäfer, G.E. (2011): Aufgaben frühkindlicher Bildung. In: Schäfer, G.E.(Hrsg.). Bildung beginnt mit der Geburt. Für eine Kultur des Lernens in Kindertageseinrichtungen. Berlin: Cornelsen. S. 75–178.

游戏中的儿童

与之相反,弗特基斯则认为儿童与其他人(成年人和其他儿童)的相互关系对于儿童教育至关重要,这种互动对于提高儿童处事能力和知识储备有着不容小觑的作用。儿童会出于内在动力而去主动学习,感知世界,探索世界,并且能够通过和其他人的互动沟通实现进一步的提升与发展。弗特基斯认为教育具有社会性,是一个人与周围环境息息相关并且相互促进的进程。这个进程是由儿童和成人共同构建的。教育和早教是一个整体,它们之间并没有一个明确的界限[1]。

拉尔文和安迪斯将教育定义为一种"学习活动",在这种学习活动下,儿童作为主体对外在的客观世界和内心的主观世界有了属于自己的态度,并逐渐发展成为自己的世界观,最终走向成功,因此教育要在"早教的协助下"完成。儿童自出生以来就和他们的主要抚养者处在一种初步的对话模式中,通过这种对话产生了强烈的依恋关系。这种依恋关系保护着儿童,为他们带来安全感和信任感。早期教育对儿童自我教育进程的影响,主要在于为孩子们塑造了周边的环境(空间和物质),并且推动了他们与环境的互动和交流。这样一来,就激发了儿童的兴趣,获得了拓展个人能力的机会[2,3]。对此舒斯特-朗认为:"我们应该

---

1 Fthenakis, W.E. (2004): Bildungs-und Erziehungspläne für Kinder unter sechs Jahren-nationale und internationale Perspektiven. In: Faust, G.; Götz, M.; Hacker, H.; Roßbach, H-G. (Hrsg.) Anschlussfähige Bildungsprozesse im Elementar-und Primarbereich. Bad Heilbrunn: Klinkhardt. S. 9–26.
2 Andres, B.; Laewen, H.J. (2007): Themen der Kinder erkennen-Beobachtungsbogen zur Unterstützung von Bildungsprozessen. Jena: Verlag das Netz.
3 Laewen, H.J. (2002): Bildung und Erziehung in Kindertageseinrichtungen. In: Laewen, H.J.; Andres,B. (Hrsg.). Bildung und Erziehung in der frühen Kindheit: Bausteine zum Bildungsauftrag von Kindertageseinrichtungen. Weinheim und Basel: Beltz. S.16–102.

减少有目的的能力教学（灌输、启发等形式），反之多创造一些机会和挑战让儿童自己去学习和探索这些能力，这样有利于推进儿童的健康发展"（Schuster-Lang, 2008: 33）。

上述这些教育理论都有一个共同的认知，就是认为儿童在很大程度上进行着自我教育，主动地去学习探索自己内心的小宇宙和周围的大千世界。在这种自我教育中，儿童自身的行为和经历就起到了至关重要的作用。外部环境是怎么样的并不重要，重要的是儿童如何感知并接受身边的环境，如何处理自己与周围环境的关系，进而从中形成自己的世界观。教育的进程是无法离开学习过程而独立存在的，但是教育和学习又不能完全混为一谈。儿童成功的早期教育并不是通过课堂来实现的，而是通过孩子们自身的"第一手"经验，即在具体环境中积极探索和大胆实践中完成的。在儿童进入小学之后，也是这样进一步学习并获取知识和能力。

6. 幼儿园中教育诊断的结果

儿童教育的过程，以及在教育过程中发现的儿童行为进步或者异常，都无法通过传统意义上的可量化测试来衡量。所以对于日常的早教实践来说，要选择一个开放的观察方案，这个方案里应当囊括儿童的兴趣、学习成果以及教育进程。

从促进儿童教育进程的角度来讲，对儿童进行专业观察的首要目的，是了解儿童当前的兴趣和发展"主题"，并且有针对性地为他们构造一个可以促进发展的环境。

狭义来说，观察主要涉及儿童的学习行为。这种学习行为是指儿童如何面对新的挑战，如何应对评估所出现的问题等。这种观察主要集中在儿童的"社会学习"领域。

一般情况下，对儿童的观察要采用一套标准的测试方法。儿童的感知系统是否可以良好运转是学习和教育顺利开展的前提条件。通过标准的观察方法，教育者可以尽早地掌握儿童在感知方面的异常反应和发展方面的迟缓。

观察和记录不仅仅是一种教育手段，更是一种基础的教育行为。教育工作者们不仅应该积极地学习观察和记录的技巧，更重要的，要通过这种教育行为去深入关注儿童，挖掘儿童兴趣，融入儿童内心，并给予充分的尊重。

正如前文阐述到的关于儿童发展的相关理论，幼教工作者不能仅通过传授的方式教育儿童，而是要帮助儿童进行自我教育。这就决定了教育工作者在幼儿园中扮演的角色应该是一名陪伴者。这个角色要求他们要在陪伴过程中做好观察和记录，去充分认识和评估儿童的发展状况。在此基础上，教育工作者可以不断地优化儿童的学习和发展进程，协助孩子们争取更美好的生活前景（Seifert, 2016）。幼教工作者应当具备的一项重要能力就是拥有"资源导向型眼光"。这里的资源导向型是指密切关注儿童，发现他们的兴趣，并且观察他们如何做事（Schweitzer, 2013）。这并不是指要盲目乐观，忽略儿童的弱点，而是要进行视角转换，更好地去感知儿童的长处和潜在的能力。为了拥有"资源导向型眼光"，幼教工作者们要深入观察儿童，明确儿童特点和兴趣所在（Gomolla, 2013）。

较为理想的情况是在观察活动结束后，幼教工作者应立即与儿童沟通。通常儿童会迫不及待地想要答复，比如想知道观察者看到了什么。观察者可以为儿童展示一下记录的笔记或者播放记录视频。这样一来，儿童可以对观察结果进行直接的反馈，告诉观察者他记录的是否正确。只有在观察活动结束后马上同儿童交谈，才能让儿童意识到，自己是了解自己行为的专家，可以为自己的行为作出解释并且为之负责。儿童对自己被观察到的行为的反馈意见，与成人对此的意见同等重要，甚至更为重要。因为这样可以有效地避免对儿童的观察作出错误的阐述。

如此一来，儿童就成为了自己的观察专家。对某些行为他们可以积极表示"现在我来给你解释一下！"这是一种与成人的互融共促，可以实现儿童与成人的相互关注，并且可以让儿童发现乐趣，感受到尊重。威尔岑将此称为"强化交互瞬间"。这种互动在教育活动中要被提前规划完备，否则是很难发挥作用的（Weltzien, 2009）。观察过后，观察者与儿童共同讨论个体的学习成果，可以激发儿童的兴趣，使其更加积极主动。这种互动给予儿童安全感，促使他们作出一番积极的自我规划。由此一来，儿童知道了自己究竟是怎样的，也知道自己可以做些什么（Leu et al., 2010）。

这种关于观察结果的对话能够推动儿童的发展，让他们对自身的学习进程和学习策略有充分的认知。这种认知在儿童对某项活动真正有兴趣并且观察环境足够开放的情况下尤为明显（Viernickel, 2010: 14）。这个进程在专业文献中被称为"学会学习"或者"学习能力"。

如此一来，我们可以将对儿童的观察理解为一种"对话型工作"，这种工作属于专业的教育基础活动。从职业角度出发，教育者们应当将幼儿园定义为一个真正的教育场所。教育者应当着眼于教育研究，以开放的姿态去面对孩子，并且认真地去观察男孩和女孩分别怎样理解世界，怎样理解他们自身的能力（Laewen, Andres, 2002）。

观察作为一项基础教育活动与幼教工作者本身也息息相关。因为幼教工作者在观察过程中，不仅给孩子们机会去发现和探索新事物和新思路，同时也对教育者自身拓展教育思维，提升自我能力大有裨益（Ewald, Merker, 2007）。这种观察活动不能与教育者的个人发展进程分离进行，这是教育者提升自我专业水平的一个重要层面。

专业的观察活动应当始于人们的自我认知，这是显而易见的。因为人们自身的阐述模式、想象能力、行为规范以及日常习惯，都是深深植根于个人经历中的（Nentwig-

Gesemann, Nicolai, 2014: 154）。

  态度的发展和变化发生在个体内在的进程中，如果人们不能与自身达成一致的话，它就不会有助于榜样作用和构想中的要求。行为的发展不仅可以通过"个人的力量"实现，还可以通过外界监督或者继续教育等来实现。行为是想法，也是感知。

  态度问题不仅关乎个人，同样关乎集体或者家庭。所以在一个团队中，我们需要注意，对于观察和记录工作要持有专业的态度。

二、理论基础：观察

在前面的内容中曾讲到，儿童的发展、教育和学习都是高度的个性化进程。所以很显然，正常情况下，不同儿童的发展进程和教育进程是无法进行横向比较的，也不存在一个可以量化的标准。

所以想要从专业角度出发去观察儿童发展，幼儿教师的基本态度就至关重要。幼儿教师应当尝试通过科学的观察来理解儿童的世界观，并且循序渐进地开展有针对性的教育工作，这种观察才能被称为"尊重的观察"。

在本部分内容中，将对普通观察、专业观察、感知与记录等相关理论进行阐述。除此之外，本部分还就如何开展教育实践、如何描述及分析潜在风险和错误来源等进行简要论述。

1. 观察和感知

每项观察都是在感知的基础上进行的。

由于感官刺激，人们接收到来自外界事物或者来自自己身体的各种信息，感知就是将这些信息进行选择、处理、归类和评估的过程（Koglin, Petermann, 2010: 291）。

在复杂的感知过程中，人们对来自外部环境的刺激进行选择，将其在大脑中加工处理，然后归类到现有的认知结构，也就是已具备的基本知识和个体的世界观之中，然后在此基础上再进行进一步评估。因此，感知是一个非常主观的过程。每个人对事物的感知都是不尽相同的，所以对环境的体验和评估也是不同的。

观察并不意味着是单纯的对现实发生的情境进行再现，而是结合了主观上对所在环境的感知。

幼儿教师自身的价值观和行为规范，他们对于被观察儿童的态度，对儿童和儿童发展的基本印象，对教育的理解，对幼儿教育的理想和目标，以及他们自身的经历等，都在很大程度上影响着观察的进程。因此，想要开展一番专业的观察，首先应当意识到这些主观因素的存在。所以教育者拥有端正的观察态度，与同事多多沟通交流观察的结果，可以使一项观察更加客观和准确。下图"感知过程"可以清晰地呈现感知的过程。

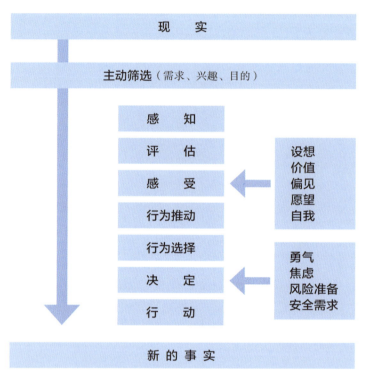

感知过程（Berner, 2006）

2. 专业的观察

观察是一项日常的活动，每个人都在有意识或无意识地进行观察。但是，在教育实践中所进行的观察是目的明确、结构清晰并且有详细计划的。这也正是专业观察和日常观察的区别。

专业的观察是系统的、结构清晰的，并且遵循事先制定好的规则和预设。专业的观察有以下特点：

第一，融入幼儿园的特殊环境，关注被观察儿童的特点。

第二，基于一个具体明确并且可以进行论证的观察原因。

第三，事先明确观察进行的方式方法，比如"参与性观察"和"非参与性观察"。

第四，对观察到的事项进行详细具体的记录。

第五，在观察过程中，有意识地避免对被观察者进行解释。观察过后，根据提前制定的标准进行系统的阐述和评估。

3. 观察的形式

相关文献中表示,根据观察的目的、观察环境的设置以及汇总观察结果的技巧,可以将观察分为不同的种类,比如公开观察和隐蔽观察。在具体的实践过程中,往往会根据观察的具体目的和要求将各类观察有机结合,比如将非参与性的观察与观察行为的记录相结合,又或者将非参与性的观察与观察行为的描述相结合等(Beudels et al., 2010: 30)。

公开观察和隐蔽观察

进行公开观察的时候,被观察者知道自己正在被特定的人观察。公开观察在一定程度上会对儿童的行为表现产生很大的影响。在公开观察下,儿童可能会表现出过度迎合的状态,又或者完全不感兴趣,还有可能存在比较抗拒的情绪,尤其是在儿童与观察者关系比较紧张的情况下。而在开展隐蔽观察时,被观察者不知道他们正在被观察。如此,儿童就可以表现地像往常一样轻松自然(见图"正在进行观察的幼儿教师")。

正在进行观察的幼儿教师

非结构性观察

非结构性观察是指,教育工作者在没有进行特殊设置过的日常场景中对儿童进行观察工作。通过非结构性观察能够收集很多关于儿童发展和教育进程的知识,这些信息都具有很高的研究价值,因为通过它们可以从实质上了解儿童的需求和兴趣。但是非结构性观察并不意味着教育工作者不必为观察工作做准备。恰恰相反,从某种意义上来讲,他们必须做足准备,保持精力高度集中,保证自己有能力在观察中收集和记录好儿童的活动环境及行为异常。所以,在此建议教育工作者要提前准备好。这种准备充分的非结构性观察,可以为规划和调整教学计划,与儿童父母实现有效沟通以及与其他教育者交流心得等奠定坚实的基础。值得注意的是,非结构性观察虽然是观察儿童的一种重要形式,但并不是日常教育观察的唯一形式。

结构性观察

结构性观察也可以被称为"系统观察"。结构性观察是教育者积极主动开展的，有计划性且目标明确的一种观察方式，这种观察对儿童的行为方式进行特别关注，并且依赖于特定的环境和形式。这种形式的观察必须提前做好详细且系统的规划。以下是做好结构性观察的三点注意事项：

第一，选择具体的观察环境时要避免片面性，即应该选择不同的环境和角度，对儿童进行观察。

第二，有意识地对于儿童的"典型行为"特别关注，并及时观察和记录。此外，儿童与儿童、儿童与成人之间的互动情况也应当被格外重视。

第三，提前确定观察的起始时间，可以视具体情况将观察活动分为较小的单元，进行短时观察，也可以进行长时观察（Beudels et al., 2012）。

细节观察

细节观察指的是，在特定的观察时间内尽可能多地确认和获取相关信息（也可以通过视频进行辅助）。结合观察时儿童的表现，对这些信息进行进一步分类和评估。通过这种观察，可以得到关于儿童行为的多方面结论，这些结论将会与儿童的其他表现相结合，最终形成一个完整的结论。细节观察对观察时间及人力需求有着较高的要求，而且要求观察者有丰富的观察经验。

参与性观察和非参与性观察

参与性观察是指观察者融入被观察的环境，与被观察者一起积极地参与活动，例如幼教工作者与儿童一起做游戏。这种互动型的观察活动是幼儿园实践中常见的一种观察形式。尽管观察者融入其中，但是在观察过程中也要尽可能地做好书面记录，这样可以为日后的观察和其他记录活动提供有说服力的信息。

非参与性观察是指观察者位于观察环境之外，不参与到观察活动中。这种观察的目的性更强一些，并且能够进行直接的书面记录。

团体观察和个体观察

团体观察的首要任务是收集和记录多名儿童在一起互动时所表现出的某些特点（见图"团体观察"）。与之相反，个体观察则是针对团体中的一名儿童或者单独某位儿童的行为进行深入观察。

描述性观察和记录性观察

团体观察

描述性观察是指观察者将自己对观察对象的感知和印象进行直接的书面记录。这种观察形式就非常主观。幼教工作者在工作过程中也应当意识到这种主观性。描述性观察可以让观察者将直观感受到的信息如实记录下来，从而帮助幼教工作者找寻儿童在某个方面的特征，进而对不同的观察描述进行横向比较。在与其他幼教工作者进行交流讨论之前，观察者要对自己描述的核心内容进行深度的分析和理解。

记录性观察指的是将被观察者的行为通过提前准备好的表格进行量化记录，比如通过数据表格去记录儿童出现某种情况的频率，记录在两分钟内出现攻击行为的数量或者记录儿童在特定环境中出现口吃的频率等等。

4. 观察的风险与界限

对他人进行观察或者对他人行为进行感知往往具有很强的主观性。这些主观性有时观察者可以意识到，但是有时也意识不到，具有不可控性。即便是用标准化的观察方法进行专业的观察活动，也依然会或多或少受到主观因素的影响。这正与波特（Beudels）等人的观点不谋而合："一方面是因为每个人的感观都是不同的，另一方面是因为观察者已有的经验会影响观察活动的结果，所以观察充满了主观性。"[1] 在观察和评估过程中也经常会出现错误，这些错误一般都是由于观察者对所使用的观察方法准备不充分或者缺乏专业知识。但是通过反复训练和经验积累，强化专业知识的学习，观察者可以在很大程度上减少或者避

---

1 Beudels, W.; Herzog, S.; Haderlein, R. (2012): Beobachtung und Dokumentation: Theoretische Grundlagen und praktische Umsetzung. In: Beudels, W.; Herzog, S.; Haderlein, R.(Hrsg.). Handbuch Beobachtungsverfahren in Kindertageseinrichtungen. Dortmund: Borgmann media. S. 11–52.

免出现错误。

观察活动中常见的错误和错误源是,对观察结果进行孤立的评估,没有与在其他环境下开展的观察活动相结合,这是观察活动出现错误的重要原因。除此之外,如果没有将观察结果与其他教育工作者的观察结果综合比对、横向比较的话,出现错误评估的概率也会大大提高。

还有一种经常出现的错误是,对某一项观察进行过度的评估。每项观察活动所能收集到的信息仅仅是儿童全貌的一小部分,所以在某个环境下所观察到的儿童的行为并不能够反映出儿童的整体表现。如果想得到全面客观的结果,应当在不同环境中对儿童进行长期持续的观察,并且要与其他的教育工作者和儿童本人进行密切沟通交流。

对观察方法准备不足必然会导致观察方法使用错误,进而会进一步导致出现错误的观察结果。所以在观察方法和技巧方面,强化理论和实践的准备是非常必要的。而且,观察活动前的练习环节和观察后与同事进行交流反馈的环节也至关重要。

如果幼儿教师要在规划好的环境中对某个儿童进行观察的话,那么这项观察活动就是他在当前时间段内的主要工作。这段时间内,他可以减少对其他儿童的照顾,也可以相应地减少对其他日常事务的处理。如果他被周围环境影响或者干扰的话,不仅会导致在当前观察活动中分心,而且会产生"角色冲突",这种状况也会导致观察结果出现错误。

如果缺乏发展心理学理论以及儿童早期教育的相关专业知识,很容易在开展观察活动时出现错误。幼教工作者如果意识不到自己专业知识的匮乏,没有及时对自己缺乏的知识和能力进行补充,那么想要开展专业的观察活动就是不现实的。

除此之外还存在其他几种观察错误。

首因效应:初次观察会对之后的观察产生持续的影响(将初次观察的印象延伸到之后的观察活动中)。

光圈效应:将特别积极或特别消极的印象强加到观察对象上。

宽大效应:一个拥有同理心的观察者能够在观察中起到积极作用,相反则起到消极作用。

皮格马利翁效应:对被观察者的主观印象将会被带入观察活动中,然后通过被观察到的行为加以确定。

三、理论基础：测试

1. 目标

测试是以精确的、提前预订的方式来测量或记录人体的不同特征。在早期教育日常实践中，"测试"作为一种信息提取方法，并不像观察一样常见。对于每名儿童特定的人格特点或发展领域进行测试往往在相对的特殊的情况下才会进行。因为正常情况下，日常的观察和一些标准化的观察就已经能够满足日常的教育实践工作。测试只有在一些极特殊情况下才会被使用，比如教师认为某个孩子在语言发展、运动发展或感知发展等方面存在异常状况或发展障碍。

对于教师来说，具备相对完善的关于儿童发展测试的理论和实践知识是开展测试工作的重要前提。在这个基础之上，教师才可以对儿童开展评估，并且能够更好地理解测试结果。除此之外，在与其他领域的专业人士，例如医生、心理治疗师、语言治疗师等进行沟通交流时，也需要教师具备相应的专业知识，以便能够准确地阐述测试结果。注意阐述测试结果要与幼儿园的观察活动结合起来。

在幼儿园中使用和实施测试的方法有很多目的。比如用来确定：

儿童是否有特殊的或者额外的促进需求（如在感知、语言、运动等方面）；

在社交方面表现异常的儿童能否通过特殊的措施减缓症状；

身体上有障碍的儿童能否通过特殊的项目改善身体协调能力；

儿童有哪些语言发展的障碍，分别有什么影响；

一个附加的、针对儿童社交异常的运动游戏项目能起到什么样的作用。

2. 测试的特征与条件

根据莫斯布鲁格和克拉瓦（Moosbrugger, Kelava）的理论，测试被理解为一种常规的科学程序，用于记录一个或多个心理特征，目的是提供有关个体特征的最准确的定量说明[1]。我们接下来简单地阐述一下测试的特征和一些必要的条件。

科学性

测试必须遵循普遍性理论和科学标准。我们在测试的时候必须尽量选择多名测试者并且要反复进行调整。我们的测试证实，在提前预设好的条件下进行测试能够得到有说服力的、真实有效的测试结果。在描述测试结果时，要注明是针对哪一领域进行的测试，如视觉反应能力、词汇量储备、专注能力、身体协调能力等。此外，成功开展测试还需要满足一个重要前提，即保障测试的质量标准。测试质量标准有三项：客观性、可靠性和有效性。

常规程序

常规程序的含义是，测试的所有环节无论是时间方面还是内容方面，包括评估内容甚至所提取的数据形式都已经被提前规划好，从而形成了标准化的流程，我们根据这一流程就能够按部就班完成测试。测试者不能够自己改变测试任务的顺序，也不能随意更换任务等。对于该方法的使用者来说，常规程序还意味着使用原始的记录表格，将测试内容填入表格中。

对特定人格特点进行量化

如果要对某个特定的人格特点或物理特性进行量化，我们必须要进行相应的测试。"数量值"是指在测试过程中需要收集起来的一个或多个数据，这些数据直接影响测量结果及精确度，例如大小、数量、频率等。与观察活动不同的是，在前期准备过程中，我们必须明确自己要研究的问题是什么，也就是确定该提取哪些数据。

比如说身高的测量，就是一个易于测量的特征，测量工具的选择也不困难。但是其他的一些人格特点就没办法这么轻松地量化。人格特点有时会非常复杂，并且由多个部分组成，如语言发展能力和协调能力等。

测试可以是一次性的，也就是所谓的横向测试，即在某个特定的时间点，确定被测试

---

[1] Moosbrugger, H.; Kelava, A. (Hrsg.)(2011): Testtheorie und Fragebogenkonstruktion. Berlin: Springer.

人员或小组的整体状态。同时也可以是在多个时间点进行的纵向测试,用于比较同一组被测试人员在不同时间点的不同表现。

横向测试的一个例子就是在儿童入学之前进行的语言发展状况测试(见图"语言发展测试游戏")。这项测试主要分析儿童的语言发展水平是否符合当前年龄段的要求,以及在即将开始的学校教育中是否存在困难。

纵向测试可以通过前后两次或多次测试来实现(见图"精细动作测试游戏")。测试者可以使用同样的测试方法,对同一名儿童或小组进行测试,以考察某个特定教育活动或课程的作用。比如,针对在身体协调能力方面存在障碍的儿童,我们可以设计一个长达半年的游戏运动课程。通过比较前后两次测试的结果,得到有说服力的统计学数值,来观测这个课程是否起到了作用。

语言发展测试游戏

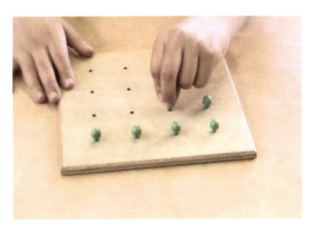

精细动作测试游戏,考察手指灵活性

3. 幼儿园中使用测试方法的建议

测试不是随机进行的,而是有计划地开展。也就是说,测试的时间和地点也要和测试者一样,提前规划好。测试是平行于日常教育活动进行的,所以对于儿童和教师来说,测试的环境都是一个相对不熟悉的环境。这就要求我们事先做好全面且完备的准备工作。对此,幼儿园必须拥有适当的人力和物质资源。此外,我们要求进行测试工作的幼教工作者们,要提前加强测试相关专业理论的培训和学习。

测试一般来说是在一个提前规划好的测试环境,如准备好测试材料的房间内进行。被测试的儿童需要单独面对成年测试者,没有其他的儿童陪伴。这种情景我们也可以称之为"实验室场景"。在这种情境下,不管儿童是否认识测试者,是否喜欢他们,都有可能会产生焦虑情绪。他们在测试过程中很容易形成防御姿态，导致我们在测试中并不能够得到完全真实客观的结果。

总体而言，我们应仔细考虑使用的测试方法是否合适并且有意义。在任何情况下，幼儿园都不能一味地依赖测试，只用数字来评估儿童。在实践中要避免单一的测试方法和对于单项人格领域的测试。如需进行测试，我们应该将测试与日常观察相结合，并且将多种综合因素考虑全面。此外，与家庭的合作也非常重要。在家长的帮助下，识别儿童发展过程中特定的风险因素，可以很好地对测试结果进行补充和分析。

测试本身属于"缺点导向型"方法，我们很容易将单项人格特点的测试结果看作是儿童整体的特点，从而给被测试者贴上了标签。但是我们应该将测试结果与被测试者日常观察的表现相结合。如此一来，我们平时所发现的儿童的优势也可以用来弥补测试中发现的问题和不足。同时需要注意的是，儿童年龄越小，规范化的差异就越大，也就是他们的行为方式就越具有多样性。这一点家长也应该充分了解。

如果可能的话，我们应该首先选择"发展筛选方法"，这样就可以快速地确认儿童是否存在普遍性的发展风险。这种测试可以整个小组完成或每个孩子单独完成，然后可以使用适当的方法对被认定为"异常"的儿童进行鉴别诊断。

四、理论基础：记录

观察、诊断和记录都是儿童早期教育过程中教师的基础专业行为，系统的日常观察以及借助于特殊观察和诊断方法的专业观察都是如此。其中最重要的是，要把观察和评估的结果如实记录下来，并结合儿童的个性，支持并且促进儿童的发展进程。所以对于个性化的教育计划和教育过程而言，记录是一项基本活动。

根据2011年盖德霍夫（Fröhlich-Gildhoff & Stohmer）的一项调研表明，约97%的受访教育者会在幼儿园中对儿童教育进程进行定期的观察和记录，平均每年有168小时被用来观察和记录[1]。

1. 观察和记录领域中的定位

在儿童照护和教育等专业领域内，存在一个共识，即儿童幼时的教育进程必须要有陪同和促进。基于此发展的学前教育学就是以"成功的观察和记录实践"为基础，进而在不同层面对观察活动进行深入分析。

正如第一部分中所讲到的，在观察和诊断方面存在很多不同的学术理论，关于这些理论，存在很多的分歧和争论。

一个从教育心理学角度出发设立的诊断是面对开放的、过程导向性的观察实践进行的。根据菲尼科尔和沃克尔（Viernickel, Volkel）的观点，为了对幼儿园中儿童的发展和学习进程进行观察和记录，应当有意识地将上述不同发展层面中的方法结合起来，目的是强化儿童人格，促进他们的发展[2]。如此看来，多种方法结合的方式是适合儿童的个性、发展状况以及他们的需求的（见图"观察的层级"）。

---

[1] Mischo, Ch.; Weltzien, D.; Fröhlich-Gildhoff (2011): Beobachtungs-und Diagnoseverfahren in der Frühpädagogik. 1. Auflage. Kronach: Carl Link Verlag.

[2] Viernickel, S.; Völkel, P. (2009): Beobachten und Dokumentieren im pädagogischen Alltag. (5. Aufl.). Freiburg: Herder-Verlag.

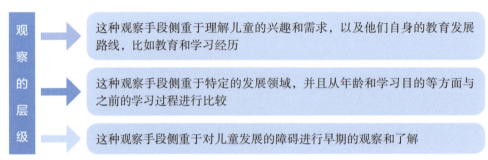

观察的层级

2. 记录的目的、内容和评估步骤

流程导向型的方法包含了不同方面的规范化评估步骤。教育和学习都是建立在相关的理论基础上的，并且评估的第一步就是去关注儿童的兴趣。赫本施泰特·穆勒和库勒（Hebenstreit-Müller, Kühnel）所提出的"样板"可以追溯到皮亚杰的儿童发展理论，这种理论是把不同样本作为结构化的行为模式进行评估[1]。

从根本上来说，对观察活动的评估是不受内容重点影响的，但是必须充分考虑到两个问题：

被观察到的情况能否被证实？

没有参加观察进程的人能否清楚地知晓并且正确地利用从观察活动中得出的结论和认知？

第一个问题强调的是对观察进行"准确性检测"。作为成功观察的前提，观察者应该对自己的设想和导向持批判态度，并且要进一步拓展自我反馈的能力。第二个问题则侧重观察结果面向第三方的透明程度以及观察结果的利用和持续发展情况。

对观察活动而言，最重要的是儿童应当从中获益，他们对于舒适、探索、寻求支持的需求应当被满足。同样，家长作为主要抚养者也应当清楚地了解从观察中得到的知识和结论。教学团队中同事之间的交流是评估活动的核心部分。与教学团队中的同事或者儿童的家长进行专业方面的沟通和交流，有助于保障和促进观察活动高质量开展。

对观察结果的评估和评估方法的使用应当及时整理记录下来（Weltzien, 2011）。

没有记录的观察活动是没有意义的。观察或者诊断的方式方法不同，使用的观察工具

---

[1] Hebenstreit-Müller, S.; Kühnel, B. (Hrsg.) (2004): Kinderbeobachtung in Kitas. Erfahrungen und Methoden im ersten Early Excellence Center in Berlin. Berlin: Dohrmann.

不同，记录的形式也随之不同。有的观察会提前起草评估数据，以使用观察表格为主要方式。这种标准化的观察活动就决定了记录的形式是直接的、系统的。同样，如果是以开放的形式进行观察，例如拍照或者录像，那么也将相应地采取开放的形式来进行记录和分析。

记录将观察活动有目的、有计划地展现给特定的人群（儿童、家长、教育工作者），起到告知结果、促进思考、助推发展的重要作用。一方面，记录将儿童的能力清晰地展现出来；另一方面，记录同样也是一个重要的基石，能够促进人们更好地理解儿童发展进程，并且应用到更深入的教育活动中去。

以雷欧为代表的教育学家认为，记录是对于所感知的事物和解读的报道，记录的作用是将观察的模式以及合理性清晰地展示出来。除此之外，记录还有一个至关重要的作用，它可以让观察的内容变得更生动，并且得以长久地存在（Leu et al., 2007: 140）。

记录超越了书面评估和观察阐述，其内容要远远大于通过观察得到的"数据"。记录十分重要，但是记录并不能将儿童的教育和发展进程的全貌清晰完整地展示出来。从不同的层面去理解记录会有不同的意义。

从儿童的视角

通过记录，儿童可以了解到，他们的行为是被重视并且被尊重的。记录表达和传递了记录者对儿童的表现、想法和发展过程的尊重，为儿童的发展和学习过程赋予了特殊意义：从儿童视角进行记录。与幼教工作者和家长的交流可以使儿童更好地理解自己的学习过程，并深刻认识到"应该怎样去学习"。记录同样可以激发和促进幼儿园中其他儿童的成长和发展，让儿童有意识、积极主动地参与记录活动。

从教育工作者和团队的视角

记录工作使得教育工作者有机会对自己的教育活动进行反思与评估，并且有助于与儿童建立一个长久可靠的关系。而且对教育工作者而言，对儿童的特定活动和态度作出有情感的反应也非常重要，这能够促进其职业技能的发展。

记录同样可以有助于提高教育团队的整体教育质量。记录工作的完成，需要团队的共同实践、交流和讨论。但是通过记录和影像，教育工作者们可以了解到，个人视角是团队工作的一个重要组成部分。除此之外，记录资料可以作为幼儿园教育活动反馈评估的出发点，进而促进教育工作质量的进一步提升。

一份优秀的记录能够将儿童成功的发展进程和教育过程再现出来，并且能够把幼儿园的教育工作透明化。

从家长的视角

记录工作促进了教育者之间伙伴关系的建立。通过记录，家长不仅可以了解到孩子的教育、发展和学习进程，而且能够积极地参与进去，将自己在家庭中对孩子的观察信息代入其中。这种对儿童发展的共同关注和从中引出的对话也为教育儿童提供了支持，并且促进了亲子双方的相互信任。

幼小衔接阶段

记录工作能够促进儿童与家庭、学校建立联系，并且为促进他们之间的相互理解构建一个坚实的基础。这并不是为了强化他们已经具备的知识，让他们今后能够在小学有更好的学习能力，而是要为进入小学阶段做一个过渡准备，并且要联合儿童教育的所有参与者，也就是儿童、家庭、幼儿园等共同为这个过渡阶段而努力。大家齐心协力为了一个共同的目标——让儿童拥有一个属于自己的成功的过渡阶段。

教育记录可以分三步完成（见图"教育记录的步骤"）。记录意味着将儿童的个性化发展和教育过程的内容、依据等收集起来，进行评估并及时存档。只有将每次观察和记录的结果与之前的结果有机结合，综合研判，观察和记录活动才真正有意义。波特、哈德林、赫尔佐格（Beudels, Haderlein, Herzog）提出在观察和记录过程中教师要注意从与儿童的对话中发现他们是如何评价自己的学习进程和教育活动的。儿童通过自身被观察和记录的过程，也能够形成对自己学习过程的独特理解，并且愿意将这种理解讲述给其他儿童或者成年人听[1]。

一份优秀的记录能够描绘出孩子发展和教育进程的独特性，并且能够为今后专业的教育活动奠定坚实基础，为日后儿童的个性化发展提供陪伴，促进其健康稳定地发展（Weltzien, 2011）。

---

[1] Beudels, W.; Herzog, S.; Haderlein, R. (2012): Beobachtung und Dokumentation: Theoretische Grundlagen und praktische Umsetzung. In: Beudels, W.; Herzog, S.; Haderlein, R.(Hrsg.). Handbuch Beobachtungsverfahren in Kindertageseinrichtungen. Dortmund: Borgmann media. S. 11–52.

收　集
将资料、图片等放在一个文件夹里，配有目录以及相应资料的日期

整　理
将有些资料进行书面整理，例如某些照片背后的故事，可以添加相应的背景信息

选择和分析
此处的目的是确定主要问题，并且从资料中提取证据，可以追踪孩子的成长和教育进程

教育记录的步骤

3. 记录的组织和形式

记录的形式取决于观察方法，根据不同的观察方法可以预先选择好相应的记录形式。如果观察活动使用了一个标准化的问卷或者量化的评估数据去总结儿童的行为，那么相应的在记录中一般就使用拓展版的笔记形式。这种形式同样适用于评估观察结果。除了观察活动中直接获取到的内容，还有很多侧面观察到的信息，这些内容将记录变得更加完整。这些侧面观察主要包含教育者在观察中的观点和意见，都是他们在观察中感觉值得被记录的细节。这些细节可以是游戏场景、场地设置等方面的意见，因此可以不局限于书面形式的记载，而是通过照片等形式予以记录。

从下面的这个表格"记录的组织和形式"中能够很清楚地看到，记录工作是如何在不同的环境下被设置和归档的。值得注意的是，每名儿童都能够自由地接触查阅自己的教育记录。也就是说，放置记录文件的书柜高度要在儿童可以轻松接触到的"儿童高度"范围内。每名儿童的记录文件夹侧面应当标注相应的照片或者名字，以便儿童顺利查找（Beudels et al., 2012）。

较为理想的情况是，在文件柜附近设置一个休息区域，放置好儿童沙发或者其他设施。如此一来，儿童可以在这里一个人或者与他们的伙伴一起安静地查阅自己的记录文件夹。

归类体系	材料	内容（例子）
柜子、架子（儿童和家长都能拿到）	儿童的发展文件夹	日常记录 照片 访谈 个人简历 社会活动 发展报告 生日 特殊活动记录 上一年的记录
	儿童的记录卡片	照片集 最新情况
	CD	照片、录像等
墙	告示板	记录文件、项目记录等
	图片集或电子图片集	照片记录、影像记录
	画展	儿童的绘画作品
平面展览	玻璃柜	特殊作品 有价值的记录 儿童所发现的特殊物品
	架子、斗柜等	材料、艺术作品等

记录的组织和形式

记录手册

还有一种特殊的记录形式就是记录手册。最初记录手册指的就是艺术家随身携带的文件夹，里面可以存放他们最好的乐谱、小样、图片等，用于向乐团或者画社等申请职位时展示他们自己的才华（Herzog, 2008）。

记录手册方案在引入德国之前，已经在意大利和瑞典的幼儿园中被应用了。记录手册的作用就是把不同的记录都结合起来，这些记录证明了儿童个性化的发展和教育过程，并且清晰再现了儿童的发展状况。记录手册的制作形式相对自由，所以不同的记录手册看起来也是形式各异的。记录手册里面可以包含自由观察的内容，例如儿童的绘画作品和照片

儿童翻看自己的记录手册

等,也包含一些对儿童而言比较重要的记忆碎片,例如观看儿童话剧的门票等。记录手册方案认为,儿童要在自身发展和教育过程中掌握主动权,所以记录手册的制作应该有儿童参与在内。在英国和美国,记录手册很早就已经成为幼儿园中重要的记录手段,囊括了儿童的手工作品、奇闻逸事、游戏活动、影像资料、评估数据以及相关的家庭信息等。记录手册中还收录了儿童的教育和学习进程,清晰地展示着儿童的教育进展情况。记录手册是儿童宝贵的"个人财富",通过记录手册,儿童可以仔细审视自己的学习历程,积极地去面对今后的学习任务,科学规划和重塑学习道路。所以,从这一层面讲,教育和学习历程是记录手册的重要组成部分。

在汉克(Hanke,2013)所做的一项面对教育工作者的访问中,有57.3%的同人表示,记录手册是幼儿园中使用频率最高的记录方法。[1]自由和灵活的制作方式使得记录手册变得优势突出。教育工作者通过定期系统的观察,利用记录手册对儿童的优势和强项形成了深刻的印象(Lepold, Lill, 2017)。记录手册是儿童置身其中的一种特殊的教育记录形式,它是儿童的"个人财富",所以儿童对它永远拥有自主权和翻阅权(Wehinger, 2016)。记录手册制作过程中的一个重要环节是教育工作者与儿童之间的持续对话。通过对记录

---

[1] Hanke, P. (2013): Den Übergang gemeinsam gestalten. Kooperation und Bildungsdokumentation im Übergang von Kindertageseinrichtung in die Grundschule. Münster: Waxmann Verlag.

手册中所记录的发展和教育情况进行沟通和交流，教育工作者可以更好地理解儿童，在儿童解决问题的过程中提供帮助，促进共同思考与进步。这种对话属性被看作是记录手册工作中的一个重要特点，从中延伸出很多积极的影响，比如研究如何促进教育者和儿童之间的关系，如何提高儿童在发展教育记录过程中的参与度等。盖德-舍夫把记录手册看作是儿童的"记忆外挂"，通过记录手册，儿童可以回忆起他们的学习、游戏、互动的过程等。此外，记录手册还清晰记录了儿童的发展过程，这样也在很大程度上激发了儿童的自我意识，通过查阅记录手册，儿童可以清楚地意识到自己是怎样学习的，又学到了什么（Lepold, 2016）。

记录手册不是简单地将儿童的作品收集起来，而是对儿童教育和发展进程的不同阶段进行了系统的记录，它帮助我们理解儿童受教育的经历。要多多关注教育工作者和儿童之间的对话，这样可以更科学、更全面地认识儿童的教育和发展进程。

需要注意的是，教育工作者不仅要及时记录下观察活动的结果，还应当将观察情况的反馈意见、观察笔记以及教育活动的措施等记录保存下来。记录手册作为一个有效的工作手段，在学校与家长之间搭建了一个桥梁。记录手册是教师、家长和儿童之间互相交流的重要信息基础，使得家长能够有机会积极参与自己孩子的教育记录。所以从教师和家长互为教育伙伴的角度来讲，记录手册具有特殊的意义和价值。家长也可以随时翻看孩子的教育发展记录，并且就相关话题与孩子进行讨论。如此一来，家长可以更好地理解儿童的发展进步情况。记录手册也是同家长定期进行的发展对话的基础。家长可以被邀请共同参与记录手册的制作，他们将自己所熟悉的孩子的经历、对孩子的观察以及照片资料等补充进去，使记录手册的内容变得更完整（Kebbe, Reemen, 2009）。

记录手册可以在一个教育机构内部流通，也可以在不同教育机构之间流动。但是在德国，如果幼儿园想把儿童的记录手册转交给小学的话，则需要提前征得家长和儿童的同意。除此之外，家长、儿童、幼儿园"递交"的老师和小学"接收"的老师还要进行转交对话。

关于制作一份记录手册的工作步骤我们可以进行如下简述：

首先，对儿童的表现和行为方式进行专业观察，并就观察结果与儿童、家长、同事等进行多方面交流反馈。

其次，收集儿童认为重要的相关信息，例如对家庭和朋友的介绍以及参加娱乐活动的相关票据，还有教育者和儿童之间的对话情况。

然后，幼儿园团队就观察情况进行交流，对观察者的个人印象进行专业反馈。

这样记录手册就能塑造一个相对完整的儿童形象。当教育者与儿童或者家长之间开展持续性的对话时，记录手册就可以作为一种发展和教育的辅助手段。

放置记录手册的柜子

拍照和录像

拍照和录像也是幼儿园里观察和记录实践中的重要组成部分。在拍照或录像的过程中，教育者应该熟悉拍摄技术，并且用儿童视角的高度进行拍摄，避免居高临下的"成人视角"。在拍摄技术方面，比如调光和移动，记录者应当提前进行练习，以便拍出有说服力的照片和影像。

此外需要注意的是，相机不是一个客观的观察器。照片和视频只能把现实的部分内容再现出来，再现出来的这部分内容是拍摄者提前选定的。照片记录的是"瞬间影像"，与之相反，录像则能够将儿童的语言和运动状态呈现出来。在观察活动结束后，要尽快对照片和视频资料进行评估分析，并且辅以周围环境的书面记录。这样，记录就十分接近儿童观察的真实情况了，尽管还是可能会存在失真的细节，但是基本情况已经较为全面地再现出来了。通过照片、视频资料以及书面记录，教育团队可以在不同的层面分析儿童学习和发展的进程，这为推进下一阶段的教育活动奠定了坚实的基础（Beudels et al., 2012）。

记录者可以选取2~5张照片组成一个照片系列，将儿童典型的状态、参与的挑战性活动或者某些非典型行为描绘出来，并辅以简短的描述。这是儿童教育经历的重要组成部分。

对于3岁以下的儿童，可以通过这些照片系列组成儿童的学习故事，并且以这种拍照的形式随时关注儿童成长。这个年龄的儿童已经具备和教育者生动对话的能力了。

此外，如果征求儿童家长的同意，这些照片和视频资料可以放到幼儿园教育工作的公开记录中去，比如以记录墙的形式呈现。

记录墙

记录墙的基础元素和记录手册相仿，都是关于儿童的记述、照片、绘画作品、项目简介以及其他活动痕迹（见图"记录墙"）。记录墙这种形式可以覆盖到很多孩子。这种记录形式可以根据不同主题进行分类，通过解释说明的方式进行补充，比如儿童的学习和运动的信息等。幼儿园可以通过设置一个丰富全面的记录墙来让教学活动变得透明。家长和参观者们可以通过记录墙了解儿童在幼儿园中的生活，也可以对幼儿园的整体教育情况有一个初步的印象。记录墙还有另外一个作用：通过设置记录墙，儿童可以像成年人一样受到邀请，相互展示各自的生活和学习情况，并愉快地对话。对于儿童来说，这是提高日常交流能力的一个重要方法（Beudels et al., 2012）。

记录墙

五、理论基础：在幼儿园中进行专业的观察和记录

1. 前提条件

观察和记录是幼儿园有计划、有目的去组织和设置的工作任务，是整体教学方案的核心组成部分，要求所有教育工作者秉持共同合作的态度去开展有个人特色的观察和记录活动。很多专业的教育工作者对观察和记录工作持积极态度且乐于深入学习，但是在具体实施过程中还是会存在各种各样的困难和问题。因此，要想成功地进行观察和记录工作，教育机构应该设置一个整体方案，让所有的员工都参与进来，共同规划、共同研讨。只有所有的教育工作者处在同一个基础上研究工作，并且充满责任感时，观察和记录活动才真正有益于儿童发展。如此一来，家长便可以更加确信教师在真诚地教育孩子，而孩子也在这个过程中不断进步成长，家长和教师之间的教育伙伴关系也随之建立。这条推进儿童的发展之路需要每位专业的教育工作者的共同努力。他们积极、努力、善于学习并且乐于与儿童互动对话，他们是儿童发展道路上重要的领航员（Beudels et al., 2012）。

为保证专业的观察和记录工作在园所和早教机构中顺利开展，必须按照舒斯特-朗等人（Schuster-Lang et al.）的观点，坚持"团队—教师—园所"三个层面互相结合（见图"记录工作的参与者"）。[1]

一个团队应当对教育和发展的理解达成一致。这种理解要成为团队中所有成员的共识，并且在执行前要进行充分的讨论和沟通。这是顺利开展教育工作的坚实基础，有了这个基础，才能更好地选择和应用观察方法。幼儿园应该形成自己的教育特色，逐渐发展成为一种相对固定的模式，并且代表幼儿园的特点。

---

[1] Schuster-Lang, K.; Viernickel, S.; Weltzien, D. (2008): Bildungsmanagement: Methoden und Instrumente der Umsetzung pädagogischer Konzepte. Remagen: Ibus-Verlag.

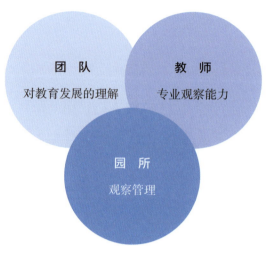

记录工作的参与者

从事早期教育的专业工作者应当具备一定的知识和行为能力，以应对在观察过程中可能出现的各种复杂情况。这就要求他们不仅能够实施具体的观察方法和手段，还要储备专业的观察活动的理论基础。一名专业的教育工作者应该明晰，在某种特定的情况下使用什么样的教学方法更为合适，以及如何将发展过程中的异常情况分辨出来。教育工作者可以通过接受专业培训或者课程试听来积累这些专业技能。

幼儿园要对观察和记录工作进行严格管理。要充分明确观察的目的，考虑好细节，将工作任务科学合理地分配给相应的教育工作者。观察和记录所需要的时间和资源也要与幼儿园现有的资源协调一致。为确保观察和记录的工作体系长期有效，幼儿园中全体教师需要共同参与制定和维护。全体教师畅所欲言、各抒己见，共同探讨最优的运作模式，避免可能出现的问题。这样一来，全体教师对教育体系便形成一个共识，观察和记录活动的开展也能更为顺利。定期与家长就观察和记录实践交换意见也是这个教育体系的重要环节。这种沟通可以让家长更好地了解观察和记录的目的和意义，而这些记录成果是属于家长和儿童的宝贵财富。

幼儿园中的观察和记录工作从计划到执行实际上是一个循环的过程，这个过程在实践过程中不断被检验：当前制定教学方法是否运转良好，是否取得了有意义的成果。有时候，需要不断更新教学思路和方法，或者重新去调整教学结构（Beudels et al., 2012: 43）。这些都是通过P-D-C-A循环来实现的（见图"P-C-D-A循环"）。P（Plan）指计划，D（Do）指执行，C（Check）指检查，A（Act）指行动。P-D-C-A循环是指首先根据具体条件作出计划，然后付诸实践，经一番实践检验，在之前计划基础上进行有针对性的改动。通过这个循环过程的不停运转，教学体系得以不断地更新完善，更加适应儿童的发展进程，保障了

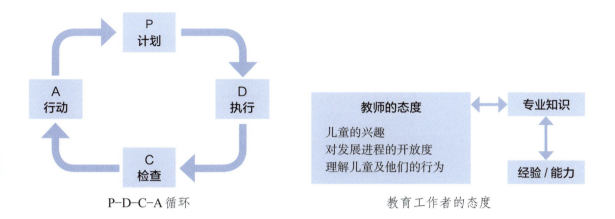

P-D-C-A 循环　　　　　　　　　教育工作者的态度

教学质量。

教师的态度与他们的专业知识和专业经验密切相关，对实施教学方案有重要意义（见图"教育工作者的态度"）。

2. 制订方案

在这个基础上我们能得到一个完整的发展和记录方案。为了将这个方案纳入机构的总方案中去，我们还需要从理论和实践的角度不断地去改进。

在改进过程中，要注意以下几个方面：

对个人条件、物质条件进行分析；

对儿童的家庭和生活环境进行分析；

对于观察、记录和诊断的方案设计和理论基础，应当做到理解与分析相结合；

团队应当有一个共同的"基本态度"；

在观察、记录和诊断的时候要明确教育的整体目标和部分目标；

获得选择方式方法的能力；

获得执行能力。

观察与记录工作在开始阶段就对教育工作者提出了很高的要求。这项工作可能与他们之前参与的工作有较大差别。为了能成功地进行观察和记录，所有教育工作者在刚刚参加工作时就应当主动去了解自己所在教育机构的"观察和记录文化"，这有利于他们更加快速地适应工作状态的转变。

在观察和记录工作中，教育工作者的领导能力至关重要，他们应该具备推动和引导教学进程的能力。因此，教育工作者应当努力提升自己的领导能力和责任感，并且能够激励和引导同事，从而在教育机构中形成一种积极的工作氛围。在这种氛围下，所有的问题、困难都可以通过团队合作、思维的碰撞找寻到解决方法。同时，为了让教育工作者提升知识储备，教育机构也应当重视专业培训的开展和专业文献的应用。

幼儿园管理者的任务是营造一个良好的整体环境，无论是办公的硬件条件，还是教学时间安排和财务管理方面，都应为系统的观察记录工作保驾护航。同时也要积极与其他的幼儿园建立联系，互通有无，充分利用好外部的资源。

开展好儿童的早期教育，这不管是对管理者的领导协调能力，还是对每个教育工作者的观察与记录方法，都提出了很高的要求。观察工作需要经验的积累，也需要足够的理论知识。除了观察能力之外，洞悉发展原则，明确发展主题也非常重要，只有这样，教育工作者才能够准确判断儿童的发展状况，并且根据他们的发展状况在幼儿园里为他们设置适合其发展的教育环境（Herzog, 2008）。同时，教育工作者和教育团队的专业也同样重要。满足以上这些条件，观察和记录就能够为强化专业的教育活动水平起到促进作用。

开发一个适合自己机构特点的观察和记录系统，并且让这个系统在日常教育中稳定运行，是幼儿园应当思考并做好的工作。除了教学团队的既定目的，在日常生活中执行观察与记录工作还需要考虑其他的问题。例如幼儿园的环境，这是今后落实观察和记录工作的基础和出发点。还有一些问题需要考虑：在幼儿园中使用过哪些观察和记录方法，观察结果以何种形式被记录下来等等。教学团队中每位教育工作者的态度和观点都应当被考虑到。这个过程需要一个较长的时间才可以完成（Ulrich-Uebel, 2007）。

在教育团队集体构思的教学体系投入应用之前，应当去充分确认相关的法律和政策上的支持，这是观察和记录方法确定的先决条件。在团队会议上，全体教育工作者应当集体研究讨论相关政策和文献，群策群力，为科学可行的体系建设出谋划策，讨论情况应当以书面形式记录下来。如果机构中已经存在了符合全体员工共识的观察标准，那么就可以直接进一步讨论观察和记录的方法和形式了。

为了能让教育融入儿童的生活环境，呼吁父母和家庭共同参与进来，有必要去收集儿童的生活环境和家庭的相关信息。这项工作不仅要求教育工作者对儿童的家庭情况进行简要概括分析，更重要的是要获取关于儿童生活环境的具体信息。这项收集工作可以和儿童及其家长共同完成，比如通过"城市行走"或者"个人地图"等方法[1]。通过分析家庭环境我们可以得知，哪些内在或者外在的影响是对儿童的发展有帮助或者有阻碍的。从这些信息中，我们可以更好地

---

[1] 译者注：在这类方法中，儿童会成为他们熟悉的环境中的专家，向成年人展示他们的幼儿园、他们经常走的路等等。

理解儿童的行为,并且也能更好地了解他们的父母和家庭环境。应用这种方法有助于强化教育机构和父母共同的教育责任。

3. 实践中实施

下面我们将在幼儿园中引入和实施观察记录方案的工作步骤作具体说明,详细可见图"实施观察和记录方案"。

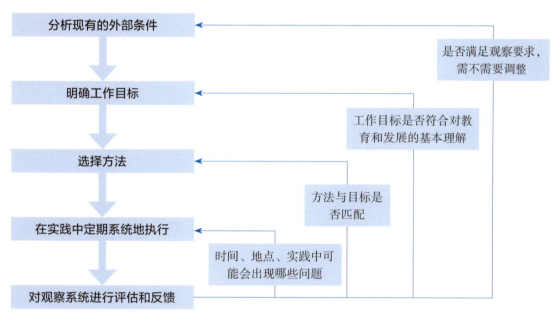

实施观察和记录方案

(1) 外部条件

在正式开展观察和记录活动之前,首先要对当前幼儿园中的基本情况进行梳理,这是开展此项工作的前提和基础。需要梳理的问题有以下几方面:在当前教育机构中是否已开展过系统的、结构化的观察活动?如果有,那采取的方法是什么?到目前为止,使用过哪些方法对发展和教育进程进行记录和评估?得到了什么结果?哪些资源可以供教职员工开展观察活动使用?

除此之外,幼儿园还应提前研究透彻现有的法律法规和相关政策并能够做到灵活应用。这样一来,就可以提前明确工作的方向性,确定一部分工作方法。在观察和记录的完整工作体系确定之前将这些前提条件筹备完善具有很重要的意义,这样可以知晓当前幼儿园的工作思路是否符合相关标准，具有自身特色的教育体系能否成功构建。这对管理者的领导和管理能力提出了很高的要求，他们要着力为打造一个科学合理的观察和记录体系构建良好的外部环境，为观察和记录工作成功开展提供保障。

（2）目标确认

接下来，就需要明确观察和记录工作所要实现的目标。这个目标必须与前文所讲到的对于教育和发展的基本理解相融合。在观察和记录工作方案中，工作目标要以书面形式表述出来，这可以为教育工作者提供行动指引，为家长和儿童带来安全感。明确观察和记录工作的目标，首先要明确指导思想，然后要根据幼儿园的实际情况，细化到具体的方面，具体的目标确认取决于儿童的特点。这就涉及一些具体的问题，比如：教育工作者如何在多样化的视角下关注每名儿童的特点和个体需求？幼儿园怎么阐述教育目标才能更好地让家长去理解？

（3）方法的选择

观察方法的选择取决于预先制定好的目标。观察方法也可以通过参照其他幼儿园的方法或者借鉴相关文献来产生（Beudels et al., 2012）。在最终确定本园的观察方法之前，应当召开团队会议，对所有的观察方法进行预选，并及时检测所选择的方法的适合度和可行性。在选择观察方法时，财政因素是必须考虑到的重要层面，这直接关系到未来在实施观察方案时的效果和质量。

（4）方案的执行

观察和记录方案要想成功执行，就要求前期规划阶段所制定的目标和方法是符合幼儿园的实际情况的。所谓成功的实施就是观察和记录工作都能够在日常工作中规范有序进行，所有教育工作者的职责和任务能够被清晰地分配，每周的观察与记录工作的时间总量应该固定。除此之外，还要明确细节化的观察计划，例如每名儿童分别在哪一天被观察。与之相对应的，每名儿童观察活动的记录报告也应该被及时地整理清晰。

另外我们允许进行观察工作的教师在一定时间内作为"自由人"出现。他们可以在一定程度上从其他的日常工作中暂时解脱出来，专心地进行观察工作。

（5）方案的反馈和评估

如果一个观察和记录的方案在操作实施后没有被及时评估并判断该方案是否运转良好，是否完成了既定的目标，那么这次方案的实施便失去了意义。进行专门讨论可以通过定期召开例会来评估观察方案的运行情况。除了吸收教育工作者的意见之外，也应当积极吸纳家长的观点和看法。同时，要及时汇总整理方案存在的问题和对未来发展的意见建议，不断更新完善，使得观察方案更加有益于儿童的成长与发展。

观察方案的制订与执行

实践中的观察

六、幼儿教师的自我观察和自我反馈

如今，幼儿园的工作任务已经不再仅仅局限于照顾和看护等功能，而是更多地开始侧重于教育教学方向。这种形势对幼儿教师的要求也发生了相应的变化，首先就是教师应该如何与儿童进行互动。研究表明，高质量的幼儿园教育能够促进儿童在学前阶段的认知和情感发展。蒂策和菲尼克尔（Tietze, Viernickel, 2007）认为幼儿园的教学质量受到很多因素的影响，教师和儿童之间的互动质量是儿童发展的重要影响因素[1]。所以，幼儿教师教育行为的专业性是这一部分的核心。

我们将教师与儿童的互动分为三个不同的任务领域（Piante, Hamre, 2009）：

第一，关系建立；

第二，帮助学习进程；

第三，小组活动领导和组织。

为了能够满足上述领域的要求，幼儿教师必须具备多方面的知识和能力，并且能够在具体的情景中应用。教师开展教育活动实践时要秉持对话的态度，通过对话及沟通，与儿童建立良好的关系，并且要站在儿童的角度，以尊重的态度来对待他们，这些是教师需要具备的基本条件。作为教师，还要对儿童释放出的信号做出敏锐的反应，也就是能够准确地感知并且做出回应，然后发现儿童的需求是什么。这里最重要的元素是"观察和重视"。教师只有在平时拿出时间和精力，与幼儿进行沟通交流，才能够与他进行真正的对话。除了感知之外，我们还必须愿意倾听，仔细观察并且将观察到的内容记录在学习故事或相应的观察表格中，比如记录儿童在做什么，有哪些特征是异常的，谁和谁玩耍，冲突是怎样解决等等。对话型的早期教育聚焦于儿童重视的问题，即他们的需求。对话型的互动是一种参与，我们能够借此与儿童一起发现世界，探索世界。作为教师，要对自己和自己的工作进行经常性的评估反

---

[1] Tietze, W. (Hrsg.) (2007): Pädagogische Qualität entwickeln. 2. Auflage. Berlin: Cornelsen Verlag.

馈，这样才能够及时改进，不断完善，从而让儿童获得更高质量的互动。

我们接下来要阐释的问题就是，怎样强化并且进一步发展教师的专业行为能力。盖德霍夫等（Fröhlich-Gildhoff, Strohmer）提出的"幼儿教师的能力模型"是早期教育领域广为流传的一种模型（见图"幼儿教师的能力模型"）。该模型主要针对幼儿教师的专业行为，聚焦于获得相应的专业能力。凭借这些能力，幼儿教师能够在复杂的教学环境中，根据自己的专业知识和能力独立自主的开展教学活动[1]。

在计划阶段，教师要利用他们现有的方法和技巧，例如观察形式、教学原则以及社交技巧等来制定教学计划。计划阶段一般只占用很少的时间，所以很多时候教师并不会把计划阶段作为有意识的过程。教师作为专业人员的能力是在接下来开展的专业观察活动中体现出来的。

在下一个阶段，教师的活动需要得到反馈和评估。不管是听取儿童和同事们的反馈，还是教师对活动结果进行自我评估和反馈，这些内在或者外来的反馈都能够丰富幼儿教师的经验，并且还可以通过反馈结果来影响其他的教学进程。

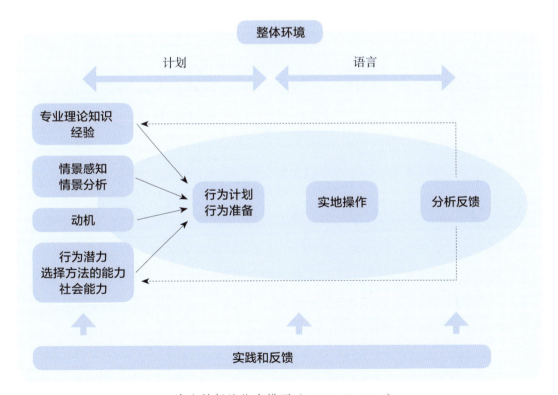

幼儿教师的能力模型（Gildhoff, 2011）

---

[1] Fröhlich-Gildhoff, K.; Strohmer, J. (2011): Untersuchungen zum Stand von Beobachtung, Dokumentation und Diagnostik in Kindertageseinrichtungen. In: K. Fröhlich-Gildhoff, I. Nentwig-Gesemann & H.R. Leu. (Hrsg.). Forschung in der Früh Pädagogik Ⅳ. Schwer Punkt: Beobachten, Verstehen, Interpretieren, Diagnostizieren (S. 37–68). Freiburg: FEL Verlag Forschung.

专业的幼儿教师开展教育活动的核心主要包括理论基础以及来自经验和反馈的实践知识，同时还包括教师个人的学习经历（见图"专业的个人反馈"）。有意识地了解自己的教育过程能够强化教师对于自己教育工作的理解，从而有效避免将自己无意识的行为传递给儿童和家长，造成双方的焦虑和不必要的冲突。这就需要幼儿教师具备一定的能力，将自己的学习历史清晰整合，并且将自己的思想和行为按照儿童教育学的理论进行优化，辩证批判地检查自己的教育行为，使自己的能力得到进一步发展，并且在工作中承担更多的责任。

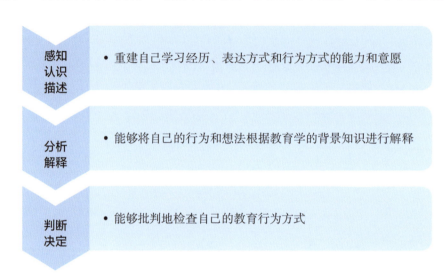

专业的个人反馈

如上文所述，与每名儿童建立一个稳定的关系，并且给予他们情感上的支持，是幼儿教师的核心任务。与儿童互动的质量是影响儿童发展的重要因素。为保证这个质量，幼儿教师必须持续不断地反馈评估自身的教育活动，与儿童建立良好的关系。

考虑到班级的需求，我们必须要找到一个平衡点，既能够用一定的方法给予儿童支持，又要注意保护他们的自主权。为了支持儿童的学习进程，除了提供游戏和学习环境外，还必须要对学习进程进行设计，用多种形式促进儿童的学习。关于设置反馈型教育关系的具体方法，将会在本书的第二部分中进行阐述。

第二部分
实践中的观察、测试与评估

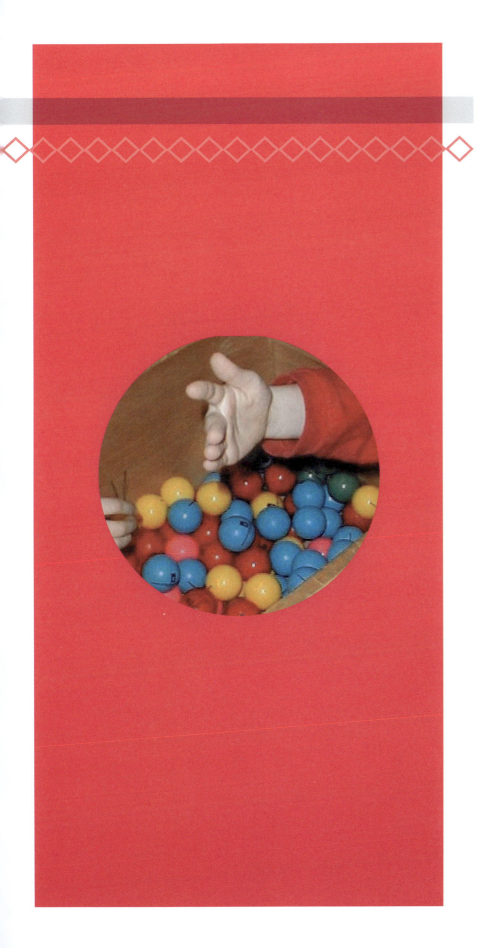

一、观察方法概述

1. 聚焦"发展"的观察和评估方法

为了能够在儿童发展的整体过程中和每个单独的发展阶段都给予他们有效的陪伴,幼儿教师必须十分清楚地了解儿童当前的发展状况。雷欧(Leu)认为"只有了解到儿童已经学会了什么,并且计划接下来继续学习什么,才能真正给他们专业有效的帮助和陪伴"[1]。但是由于儿童早期发展进程中存在很大的复杂性和主观性,所以这并不是一件特别轻松的工作。

个体的发展进程应该通过标准化的观察方法来进行评估。除了评估儿童发展的质量,教育工作者也应当关注不同儿童之间发展过程的比较,以及注意与"正常的发展过程"的比较。

教育机构研究制定的针对观察和记录等工作的标准化规则和要求,应同样适用于心理诊断测试,主要包括以下几方面要求。

客观性:观察表格的使用不应依赖观察者个人。观察方法必须客观,也就是说,不同的观察者观察同一名儿童,应该得出大致相同的判断和结果。

可靠性:观察方法的实施不应受到外界环境或者某些局限条件的影响,比如儿童状态疲劳,或者对于环境状况的描述不清晰。观察工作中的细节要仔细落实,比如准确记录观察活动的每个细节,提前确认好观察环境等。做好这些,才能确保正确感知以及客观评估儿童的表现。

有效性:当教育工作者通过所选择的观察方法,观察到真正想要观察的内容时,这个观察活动才真正实现意义。而且更为关键的是,教育工作者是否能通过观察的结果,来判断儿童的发展现状并且预测他们今后的发展前景。

标准化:如果是对儿童的某一项人格特征进行观察,那么教育工作者就可以通过所谓的"标准化"结果来将不同的儿童进行比较。一般来讲,标准化是指某个年龄段的儿童所能达到的状态。这样一来,教育工作者就可以通过观察来判断被观察儿童当前是处于"平均水

---

[1] Leu, H.R. (2006): Beobachtung in der Praxis. In: Fried, L.; Roux, S. (Hrsg). Pädagogik der frühen Kindheit. Handbuch und Nachschlagewerk. Weinheim und Basel: Beltz-Verlag. S.232–252.

平""超过平均水平"抑或是"低于平均水平"状态。

我们要用批判的眼光去看待教育实践过程中标准化观察方法的使用。有些观察活动，比如为了在早期发现儿童存在发展障碍的观察活动，应该在教育工作者有充分理由怀疑的时候才能去实施。而且这种观察活动只能针对被怀疑的儿童，不能够对所有儿童都进行"整体研究"。

上文说到，儿童早期的发展是一个非常复杂、充满个性化的进程，每个孩子的发展过程不尽相同，一个孩子的"发展数据"也不能简单地与其他孩子比较。但是我们目前已经掌握了大量的观察方法和手段，不仅能够用于对儿童整体发展状况的观察，还能对儿童的某一项人格进行观察。但是并不是所有的方法和标准都能满足每项观察任务的，有些教学方法有限制性，在幼儿园中很难付诸实践。

教育工作者需要注意的一点是，儿童与标准水平的差别有时候会对教育工作产生消极的影响。因为，这很容易让教育工作者将工作重心和关注点过多地放在这些差别上，而没有充分关注和重视儿童的其他能力和优势。

雷欧强调，通过合适的观察手段能够确定儿童的发展现状。究竟是运用哪些教学方法，使用哪些教育资源，由教育工作者在协调各方面之后审慎决定。如果教育工作者只是关注儿童的观察结果与"标准结果"的区别，则可能导致儿童所谓的"不标准"结果更加严重。

2. 聚焦儿童"教育与学习"的观察和评估方法

上文介绍有的观察方法聚焦儿童的发展，还有一种观察方法，它聚焦于儿童的学习内容或者所参与的具体活动。在这种观察方法中，儿童的能力固然也是观察内容，但是这并不是研究的重点，这种观察更重视的是儿童的学习环境和这种环境对儿童的影响，可以通过将儿童的教育和学习进程收集起来再进行综合判断。在进行这项工作时，教育者不仅要观察，还要将观察的内容及时记录下来。观察活动不只是对儿童的学习成果或者认知过程进行评估，而是关乎整个教育和学习进程，其最终目标是充分认识儿童行为的意义。这一进程中的结果和细节都以文件夹的形式被记录下来，每名儿童都有一份属于自己的内容，制作这些文件夹并不是为了与其他儿童的教育和学习进程做比较。

虽然存在标准化的观察方法，但是对儿童的教育和学习进程进行观察时更需要一个开放的视角，而不应该仅仅局限于现有的条件和僵化的结构。所以，从这个层面来讲，"非标准化的观察方法"可能更受教育者欢迎。关于这种非标准化的方法，在教育史上较为著名的理论是雷欧的"教育和学习故事"观点以及拉尔文和安迪斯的"儿童的主题"观点。但是对于这种非标准化的方法，暂时还相对缺少明确的评估标准，这样就使得教育工作者在观察过程中可能出现失误。目前，我们还在对此进行深入的研究摸索。教育工作者应当根据自己已有的经验和知识，对儿童的教育和学习进程进行专业的观察、细致的反馈，并且要努力为今后的教学计划和改进措施找寻理论依据。

3. 聚焦幼儿教师"自我观察和反馈"的观察和评估方法

如果幼儿教师不能对自己的观察活动进行及时有效的反馈，那么通过观察和评估得到的结果和认知始终都是不完整的。出于此因，我们将用独立的一个章节介绍幼儿教师自我观察和反馈的实践方法。

幼儿教师对于个人和自身的教育活动进行持续性的自我反馈是非常重要的，好的自我反馈和总结也能够对儿童产生重要的影响。幼儿教师与儿童之间的互动质量对儿童的发展有着非常重要的作用。专业的和具有反馈性的互动，能够在教师和儿童之间产生促进性的教育关系，并且能够建立促进儿童学习进程中与同伴的关系。所以对于师生之间的互动进行强化的观察和评估也能够促进教师提高与儿童互动的能力。

教师进行专业观察很重要的一个前提就是个人经验，这些经验能够让我们在幼儿园日常中更加轻松地面对儿童的具体行为，并且能够在系统的观察情境中更好地感知儿童的行为。只有当我们有能力并且愿意进行持续的自我观察和反馈时，才能恰当地评价儿童的发展和学习进程，观察的结果也才能够对每个儿童产生有意义的、持续的促进和支持。自我反馈的内容还包括经常更新自身的专业知识和对于儿童学习进程的认知，如果缺少专业知识，或者专业知识老化的话，也会对教育实践活动产生消极的影响。

幼儿教师的自我观察和自我反馈有利于在幼儿园中进行成功的观察和评估，同时还能够作为一个重要的工具，对幼儿教师的工作领域进行总体的反馈，拓展自己的行为能力，并且有能力为整个小组的儿童设置有教育意义的并且促进发展的学习活动。

在本部分所描写的用于自我观察和反馈的方法都是基于科学、贴近实践的。这些方法在设置专业的互动情境上能够给予我们实际的帮助，让我们能够基于自我感知设置互动进程。本部分还介绍了一种方法能够让老师们在游戏或者运动情境中，侧重观察与儿童的身体接触，并能够借此进行进一步的观察。

二、聚焦"发展"的观察和评估方法

1. 聚焦儿童发展的普遍性方法

（1）多特蒙德发展筛选法

海因里希-特罗斯特（Heinrich Tröter）2016[1]

概况

目标群体：

幼儿园中3—6岁的儿童。

工作目标：

• 观察和测试儿童运动、语言、认知和社会发展。

• 快速识别有发展障碍风险的儿童。

实施时长：

小组测试大约45分钟，儿童单人测试大约每人30分钟。在幼儿园中实施发展筛选法整体需要3周到4周的时间。

设置：

对整组或个别儿童进行观察。观察

---

[1] 本方法原名为 DESK 3–6 R Dortmunder-Entwicklungsscreening für den Kindergarten im Alter von 3–6 Jahren-Revision.

工作一部分在日常情景中开展，另一部分根据提前设置好的任务，以游戏的方式进行。

特征：

多特蒙德发展筛选法是一个标准化的筛选方法，能够帮助我们在幼儿园中尽早地确定儿童的发展障碍。该方法中的发展表格分别针对3岁、4岁和5—6岁三个年龄段单独设计。通过不同年龄段的表格，幼儿教师可以设置符合该年龄段特点的任务来让儿童完成，并进行认真观察。

实践方法

我们主要观察以下方面：
- 粗大运动
- 精细运动
- 语言
- 认知
- 社会发展

观察任务会在日常情景中进行，幼儿教师通过观察来评估每名儿童。对每个任务的评估都有三个不同的等级，包括"完成""不确定或者不完全完成"和"未完成"。老师们通过不同等级来判断儿童是否符合该年龄段的发展需求。

通过这些任务的完成度，我们也能得出儿童目前的发展现状，并且能够在第一时间发现儿童可能存在的发展风险。观察结束之后，我们还可以根据筛选结果制定出适合儿童的建议和措施，以促进他们不同人格领域的发展。

实践案例

幼儿教师通过"马戏游戏"对一组由6名3岁儿童组成的小组进行测试。一名教师参与其中，扮演马戏的导演，与儿童共同活动，另一名教师将进行书面的观察和记录。

所需材料：

画笔、橡皮泥、A4纸、空火柴盒，在火柴盒中放入纸包的糖果。

空间准备：

桌子、跳跃的障碍物。每名儿童面前放一个空杯子和装半杯水的杯子，每人一把椅子，椅子距离桌子1米左右。

内容：

孩子们先围城一个圈，他们在相互打过招呼之后，从扮演马戏导演的老师那里得到任务，即制作马戏的入场券。他们要在纸上独立绘制出一个十字架，并且要把纸沿中线折叠起来（教师观察精细运动技能）。

在大家都"进入"马戏之后，老师要对马戏进行介绍，这时孩子们需要跟着重复一个五个音节的句子（教师观察语言）。随后孩子们要用双腿跳、单腿跳和连续五跳的方式表演小丑，还要从两米远的地方接球（教师观察运动技能、身体协调和平衡能力）。

活动的第二个部分，孩子们要将水从一个杯子倒入另一个杯子中，然后将其放在距离较远的椅子上。用橡皮泥捏成一条长蛇，然后打开火柴盒，将里面的东西拿出来。

一系列的测试结束之后，幼儿教师们首先填写观察表格，然后讨论观察内容，并且制定筛选建议。

对该方法的整体评价

由于该方法已经有了明确的方法及准备，所以老师们可以直接使用，不需要再进行额外的培训。但是关于诊断工作和促进儿童早期发展的相关专业知识是必不可少的。

该方法是一种缺点导向型的方法，主要目的在于识别儿童的发展障碍。它不会促进儿童的长处或兴趣，所以不能作为唯一的观察方法。"马戏游戏"非常适合儿童，但是它并不能使儿童自由尝试自己感兴趣的事物，实现自己的想法。

该方法的实施可用于早期学习、早期教育和早期诊断，使用该方法为开展跨学科合作、制定个性化的促进措施创造了有利条件。

另外，该方法是用来研究儿童发展异常和评估发展风险的重要手段，这也为教师与家长以及教育团队的其他成员进行交流讨论奠定了良好基础。

（2）0—9 岁儿童发展表格[1]

西蒙娜·贝勒（Simone Beller）2016[2]

概况

目标群体：

托儿所、幼儿园，以及小学中 0—9 岁的儿童。

工作目标：

- 教授关于 0—9 岁儿童发展过程的不同知识。
- 描述和评估 0—9 岁儿童当前的发展现状和整体的发展过程。
- 感知儿童的强项和兴趣。
- 是准备教育工作和发展对话的基础。

实施时长：

- 根据计划对儿童的强化观察至少持续两周。
- 一般要求 2—3 个小时的时间填写表格和进行计算。

设置：

在幼儿园中应该让儿童在尽可能多的环境中被观察。观察工作是系统的，并且适合儿童的，它应该要让儿童感到受尊重并让儿童有兴趣。

在一段时间的强化观察之后，教师要填写和计算每个年龄段的儿童发展表格（见电子资源表一）中的内容。同样重要的还要让儿童有各种机会，能够看到自己被观察到的行为方式。如果儿童没有展现出某种行为能力，不一定是他们不具备这个能力，而是他们还没有机会展示出来。

特征：

经过至少两周的强化观察，在发展表格中可以对 0—9 岁儿童的能力有一个较为全面的理解。发展表格分为 18 个阶段，每 6 个月 1 个阶段，属于下面的 8 个教育领域：

- 身体护理
- 身体意识

1　本方法提供观察记录表格（表一、表二），可扫描本书封底二维码获取。
2　本方法原名为 Kuno Bellers Entwicklungstabelle 0–9, Simone Beller.

- 环境领会
- 社会–情感发展
- 游戏
- 语言和读写
- 认知
- 动作技能

根据发展表格中所记录的内容，儿童在每个年龄阶段的不同行为方式和活动特点都被描述出来了，这些符合该年龄段的大部分儿童的普遍情况。

实践方法

发展表格中的行为可以通过以下维度来评估：

- 会做（这种行为展示出了定期性和明显的特定性）；
- 有时会做（这种行为只是不定期地会出现或者很少出现，实施起来有一定的难度）；
- 不做（这种行为方式没有出现过）；
- 不知道（没有机会观察到这种行为）。

我们从儿童所处的年龄阶段出发，通过回答发展表格中的不同任务，了解到儿童发展的强项和瓶颈，并且将此归纳到儿童的整体发展态势中去（见电子资源表二）。通过这种方式，儿童个性化发展的领域就可以被明显展示出来。通过将儿童发展最优秀的领域和最欠缺的领域结合起来，能够让儿童学会利用他们的强项，以减少对外界的求助。同时，这种方式还可以促进儿童优势项目的不断发展。

实践案例

3岁半的小克里斯蒂安被强化观察了两周，他的老师在这期间积极地与他互动并且参与到他的活动中去（这种观察方式能够比较容易地发现并且推动教育者想观察的内容）。

小克里斯蒂安很喜欢积木搭建，并且喜欢用不同的材料搭建出一个大的建筑作品。老师通过提供给他更多的材料，来帮助他共同完成搭建积木的活动。通过两人对共同任务的交流，老师成功观察到了小克里斯蒂安语言和认知方面的特点，这些在以往都是不清楚的。在结束了一周的强化观察以后，老师开始填写观察记录表格，并且通过填写来确认，计划之中的哪些方面还没有被观察到。于是，在第二周的观察中，老师便着重去发现小克里斯

蒂安的这些特点。

在第二周的观察结束后,老师开始通过表格中记录的问题进行评估。通过评估,小克里斯蒂安发展的整体特点就呈现出来。老师可以看到他发展的基本水平如何,具备了哪些能力,还可以看出发展的上限在哪里,并且可以推算出小克里斯蒂安发展的平均水平。

通过对小克里斯蒂安的观察,老师们确认他在游戏领域、语言能力、肢体运动能力以及认知能力方面都是高于正常水平的。但是在精细动作和社会情感发展方面却低于平均值。小克里斯蒂安在搭建大型"建筑"时能够对此项活动进行很细致的描述和说明,这可以作为强化他社会情感发展的一个入手点。在与老师和其他小朋友共同搭建积木的过程中,他感受到了被认可、尊重和关注。这种共同协作的过程也强化了他已有的能力,并且在社会情感的发展方面给予了支持和帮助。

对该方法的整体评价

为了使观察表格中的各项任务都能得到准确的回答,进行强化观察是极为重要的。虽然这会消耗大量时间,但是这种观察可以为日后的教育活动提供坚实基础,而且这也是教育工作者日常工作领域的重要部分。因为这种强化观察要求教师和儿童积极主动地相处,所以这一阶段有利于拉近教师与儿童之间的距离,增进彼此的关系。通过与儿童的交流,教师有机会深入挖掘儿童的能力,这些是他们之前了解不到的。

通过完成发展表格教师可以得知儿童的整体发展状况,但这并不是用来比较儿童的。在强化观察活动中,可以准确观察到儿童的强项和他们的需求。此外,需要明确的一点是,对教育者而言，最重要的是去发现、挖掘儿童的强项，而不是去聚焦他们的弱点，这是教育者开展观察工作应该秉持的基本态度。儿童对自己优势的利用有益于他们的整体发展。当然这种方法也同样有缺点导向性的危险。教师不仅可以确认儿童会做什么，也同时可以确认儿童尚且不能做到什么。如果幼儿园的教育工作是基于儿童的缺陷来设置的，那么这对儿童的发展是无益的，甚至有可能会阻碍儿童现有优势的正常发展。这一点需要所有的教育工作者格外注意。

还有部分理论对强化观察法持批判态度，主要体现在该方法不能够去收集和总结表格任务中没有列出的儿童特点和能力，因而具有很大的局限性。而且，表格中的观察任务在首次应用和评估时非常耗时，并且可能会存在很多影响因素，甚至会导致观察结果出现错误。所以，在强化观察法使用之前，应当对教师开展相应的培训，而且教师应该熟练掌握被观察儿童所在年龄段的发展心理学知识，这也是观察工作得以开展的一个重要前提。

在幼儿园中使用这一方法对每名儿童进行观察是没有意义的，这样各方面的消耗都十分庞大。这种工作方法只适用于一种类型的儿童，即教师对他们的发展持不确定态度，认为他们在某方面的发展进程中存在困难，或者他们的行为中有明显的、突出的异常情况。

（3）EBD——对3—48个月和48—72个月的儿童发展的观察和记录

乌特·科克林（Ute Koglin）等 2015[1]

概况

目标群体：

3—48个月和48—72个月的儿童。

工作目标：

该方法的目标是收集儿童在不同年龄阶段基本能力的发展状况及异常发展情况，以便为儿童的个性化研究奠定良好基础。

实施时长：

因为是用在日常观察中使用该方法，所以很难明确具体时长，一般对此类观察的评估只会持续几分钟。

---

[1] 本方法原名为 EBD 3-48/EBD 48-72-Entwicklungsbeobachtung und-dokumentation von Kindern zwischen 3-48 Monaten/48-72 Monaten.

设置：

这个方法是日常观察儿童的重要方式。对于3—6个月儿童的观察工作可以每季度进行一次，对6—72个月的儿童则是每半年进行一次。

特征：

这种观察方法基于最新的发展心理学知识。根据记录表格，可以系统地记录观察的内容，并且进一步评估分析。通过这种方式能够确定，儿童是否达到了符合他们年龄段的正常发展状态。所谓正常发展状态就是大约90%—95%的儿童所展现出来的发展水平。如果儿童未达到这个发展的"里程碑[1]"，我们可以假定儿童的发展处于滞后状态。

实践方法

通过这种方法，可以观察儿童的以下几种领域：
- 行为和活动的指导
- 精细动作／手眼协调
- 语言
- 认知发展
- 社会发展
- 情感发展

通常情况下，可以通过儿童解决问题的数量来将他们归类到不同的发展状态目录中。一般发展状态可以分为"无异常发展""边缘发展""亟须帮助"等。

实践案例

案例1：儿童月龄（12个月）

任务目标：

观察婴幼儿认知发展。

任务内容：

能否搭建一个塔。

1　注：里程碑是指儿童在所处的年龄段应当具有的能力。

材料：

积木。

指令：

请您在孩子面前用积木搭建一个塔。然后将积木摆在孩子面前，让他们也进行搭建。

评估：

- 达标：该儿童可以至少用两块积木搭建一个塔。
- 不达标：该儿童无法搭建一个立起来的塔。

案例2：儿童月龄（42个月）

任务目标：

对儿童的行为和运动进行指导。

任务内容：

跳过障碍。

材料：

大约20厘米宽的纸条或者地毯条。

指令：

将宽约20厘米的纸条铺在地上，要求孩子跳过纸条，并且不能碰到。

评估：

- 达标：该儿童跳过纸条，跳跃高度5厘米左右，没有碰到纸条，并且安全落地。
- 不达标：跳跃不成功。碰到了纸条或者是失去平衡。

案例3：儿童月龄（66个月）

任务目标：

观察儿童语言发展。

任务内容：

针对一个故事回答问题。

材料：

无。

指令：

请您观察，该儿童是否能够对关于刚刚讲过的故事所提出的问题进行回答。

能否用正确的句子进行回答并且进行解释。

评估：

- 达标：该儿童能仔细地回答所有问题。
- 不达标：该儿童在回答问题时存在困难。

阐述：

- 能完成0—1个任务：亟须帮助。
- 能完成2个任务：边缘发展。
- 能完成3—4个任务：无异常发展。

对该方法的整体评价

这种方法借助记录表格，在日常的情景中就可以对儿童系统地观察。有了具体的实例，该方法的实施对于使用者来说也简捷了很多。该方法中评估的基础就是对于儿童发展现状进行归类，主要分为"无异常发展""边缘发展"或者"亟须帮助"。

这种观察方法相对快捷，并且在实施过程中比较简便。

但是，这种观察方法是缺陷导向型的，通过观察将儿童的发展划归到上述三大类型中，所以这种方法没有对儿童个人能力和发展潜力进行观察。因此在这种方法之外，我们还应该运用优势导向型的方法进行补充，对儿童的能力和未来潜力进行系统的观察。

如果仅仅是为了评估儿童在特定年龄段的发展状态和发展异常情况，这种方法非常适合。

根据观察结果，教育工作者可以设计相应的教学活动进行跟进和支持。在该方法的操作手册中也有对于教育工作者的建议，比如从什么时候开始需要对儿童进行进一步的外界促进教育及辅导治疗。

（4）针对6个月到6岁儿童的发展测试[1]

弗朗茨-皮特曼（Franz Petermann）等2008[2]

概况

目标群体：

6个月到6岁的儿童。

---

[1] 本方法提供家长问卷表格（表三），可扫描本书封底二维码获取。

[2] 本方法原名为 ET-Entwicklungstest für Kinder von 6 Monaten bis 6 Jahren, Franz Petermann, Iris Stein, Throsten Macha.

工作目标：

观察分析儿童呈现出的整体发展概况。

实施时长：

12分钟（婴儿）到60分钟（学龄前）。

评估时长5—15分钟。

设置：

在一个提前准备好的房间内进行测试，房间需要明亮、舒适，有专门给儿童使用的家具。测试过程中家长可以陪同，这对婴幼儿来讲很有必要。但是需要注意到的是，只有当孩子表达了希望家长参与其中的意愿之后，家长才可以参与到测试过程中来。

在测试前，应当确保儿童的基本需求，比如吃饭、喝水、睡眠等已经得到满足。进行测试的时间也要充分考虑到儿童一天的作息规律和生物钟。

特征：

该方法描述了儿童整体发展概况中的六个发展领域，包括肢体活动、手指活动、认知发展、语言发展、情感发展和社会发展。关于社会发展和情感发展的信息是以家长调查问卷的形式从家长那里得到的（见电子资源表三"家长调查问卷"）。

实施该测试方法时，要注意在儿童4岁之后进行补充测试，并对之前的测试结果进行补充完善。这种测试方法对不同年龄段的儿童都设置了不同的测试任务，记录表格也建议了任务执行的顺序。在此，教师可以根据儿童已经完成的任务，来判定发展的"里程碑"，"里程碑"的含义就是正常发展的儿童在所处的年龄段应当具有的能力。比如，对于18个月大的儿童来说，"里程碑"就是自由行走；对48个月的儿童来说，"里程碑"则体现在手指活动上，如"捡起3颗珠子"。这些能力与儿童的正常发展是正相关的，通过"里程碑"，教师可以有效地预测儿童发展的异常。

实践方法

这个测试是完全标准化的，所有的材料都是测试整体的一部分。材料有：泡沫球（直径20厘米）、橡胶挤压球（大约网球尺寸）、油毡带（10厘米×200厘米）、9个大小不同的木球、10个小立方体（颜色不同，边长1厘米），以及20张照片卡片（红色的物品：5种动物、5种食品、5件衣物、5种交通工具）。测试手册是独立的辅助工具，在手册中有关于材料、任务以及评估的信息，这些信息都与儿童的年龄段高度相关，可以作为测试结果的有效参考。

实践案例

在与儿童的交流中我们发现,他们在与我们进行短暂的交流之后还是会先去寻找父母。在测试之前,被测试儿童应该有机会平静地与测试者建立信任关系。测试者应始终意识到自己对孩子的第一印象的重要性,并应在孩子在场的情况下保持镇定和友好。测试之前,确保孩子能够自由地在测试房间里进行探索,可以先给他们一些测试时会用到的材料。

在测试中,除了必要的测试材料之外,在儿童所能接触的范围内尽量不要有可能吸引他们注意力的东西。测试者可以设置一个假定的游戏环境,并且慢慢地让孩子投入到测试中。整个测试过程应该是有规律的,要给予孩子友好的眼神交流、语言上的认可,并且要注意仔细倾听孩子说话。测试后不要急于给孩子反馈完成质量,只要单纯地强调他们乐意参与其中就可以。

原则上来说,测试任务的顺序是随机的,但是我们必须注意,要让孩子在一开始就愿意参与进来。调味罐、积木或乌龟拼图是比较容易接受的玩具,可以让儿童更轻松地玩耍。也可以在开始阶段使用图片卡。我们要注意的是,那些要求比较低的任务,例如展示物品、找到物品,应该放在那些对孩子要求比较高的任务,例如归类、命名、描述等任务之前。开始阶段成功的话,参与测试的儿童很快就会愿意继续参与诸如排列骰子、堆叠等活动。那些对儿童语言理解能力和语言表达要求较高的任务,应当放在测试的尾声阶段。而肢体活动类的任务,例如投球、跳跃、找平衡等,则应当有针对性地设置在儿童开始动来动去或者在测试过程中注意力下降的时候。

测试结束后,观察者要尽快计算出儿童在相应的发展领域中完成任务的数量,进而得到相应的数值,并且将这个数值代入到整体模型中去。测试所得到的儿童整体概况对于每个发展领域来说都能够提供一个导向,由此我们可以看到每个年龄段发展概况的中位数和方差。测试数值的计算大约需要5分钟的时间。之后,根据记录表格中不同的单项能力进行进一步细化的分析。

测试值会给每个领域提供一个相应的评价标准,如"无异常""超过平均""低于平均""远高于平均"和"远低于平均"。

对该方法的整体评价

这种方法在传统的发展测试中具有比较高的可靠性，可以快速全面地得到儿童整体发展的概况，并且能在儿童低年龄时，就确定其发展的强项和弱项。这项测试能够为家长咨询提供客观的基础，比如关于综合看护，接受特殊的治疗或帮助等。此外它还具备一个很好的出发点，能够在家庭中发现更多促进孩子发展的可能性。测试中的任务和材料以及实施的过程是符合孩子特点的。

（5）儿童发展风险的早期预警系统（发展里程碑）[1,2]

麦卡利斯，拉尔文（Richard Michealis, Hans-Joachim Laewen）2003

概况

目标群体：

这一方法是主要适用于3个月到6岁的儿童。

工作目标：

这一方法作为一种工具，能够在早期发现儿童发展阶段中的问题和状况，所以也被看作是一个早期预警系统。这一方法能够对已经达到的"发展里程碑"进行进一步测试，并且可以对一些所观察到的异常情况进行后续的诊断。

实施时长：

每名儿童10分钟。

设置：

这一方法是通过融入儿童在幼儿园的日常生活来实施的。借助强化观察，记录儿童完成任务的情况。有些项目可以通过游戏的方式来进行。

特征：

"发展里程碑"理论是1999年由理查德-麦卡利斯提出的，在施坦因和皮特曼（2000）的帮助下得到确认。

---

1 本方法原名为 Validierte Grenzsteine in der Entwicklung-Ein Fruhwarnsystem fur Risikolage.
2 本方法提供评估表格和家长问卷（表四），可扫描本书封底二维码获取。

"发展里程碑"的判断标准是看绝大多数（90%—95%）的儿童何时能够做到某件事，由此去评估儿童的发展状况，并确定何时应静观其变，何时应予以干预。

实践方法

观察评估表（见电子资源表四）中的任务和问题都是按照标准化模式设置的，用"是"和"否"来进行回答，它包括六个发展领域：

- 情感能力
- 认知能力
- 社会能力
- 身体运动
- 语言习得
- 动手能力

在儿童2岁以前，这个方法可以从儿童3个月大开始进行，每隔3个月进行一次。在儿童2岁到6岁期间，可以在儿童每年过生日时进行一次。观察结果可以借助评估表格的形式呈现。

在应用这个方法时需要遵循以下三个基本原则：

第一，这种观察方法的实施对象应当覆盖幼儿园中的全体儿童。

第二，明确被观察儿童的准确年龄，严格遵守观察表格中规定的观察时间，前后误差不能大于两周。

第三，家长应该获悉观察的结果，这一结果是与家长进行对话的基础。我们可以运用家长问卷来进行与家长的对话（见电子资源表四）。

"发展里程碑"的方法并不是一种诊断方法，它只是作为一种早期预警体系，在儿童出现异常情况的时候能够对其进行准确观察，并且推动后续的诊断工作。

实践案例

里努斯已经48个月大了，1周岁之后他就开始上幼儿园。他是个快乐的男孩，喜欢和他的两个朋友在室外玩耍。

在里努斯4岁生日后的第二天，对他的观察工作便开始了。教师会观察里努斯在幼儿园中的日常行为，并且已经完善了观察环境，因为如果环境不准备完善，就可能无法得到准确的观察结果。

里努斯和朋友们正在院子里骑三轮脚踏车,他能够顺利地蹬上三轮车的踏板,绕开所有障碍,准确地骑向他的目的地。所以由此我们知道,里努斯在肢体运动方面是符合他这个年龄的发展里程碑的。他平时也经常画画和做手工,所以老师会鼓励他画画。他会把手握成拳头攥着画在纸上画各种线条。从这项活动看,里努斯的动手能力里程碑尚未达到。因为相同年龄段的其他儿童已经可以掌握正确的握笔姿势,并且可以画出一些简单的图像了。在与老师交流的过程中,里努斯描述了自己的生日是怎样度过的。在描述时,他可以准确地运用"我"这个词,并且能够把整件事情清楚有序地讲述出来,这符合语言发展的里程碑。吃早餐时,里努斯能够认识不同种类的水果,并且可以用"大"和"小"这种形容词去进行描述,在一天里他提出了很多的"为什么",所以他的认知能力发展也是符合里程碑的。下午的时候,他喜欢玩卡片游戏和蜗牛赛跑游戏。他了解规则,并且要求其他人也同样遵守规则。在这一天中,他与同伴分享早餐和玩具,所以其社会能力方面也是符合里程碑的。里努斯已经有了性别意识,知道自己是个男孩子,拒绝粉红色的东西。他把布娃娃称为女孩的玩具,把车称为男孩的玩具。他能够将自己的感觉表达出来,并且能够进行调整。在院子里玩耍的时候他不小心摔了一跤,伤到了膝盖。他哭了一小会,在被老师安慰了之后,他又开始继续玩耍。玩卡片游戏时他输了,所以他很生气,但是很快他又继续玩耍了。这说明他有能力去控制自

己的情绪,所以情感能力的里程碑也符合正常水平。

通过一天的观察,里努斯的动手能力存在稍许欠缺,在这方面应该被继续观察。在与里努斯的家长交流他的发展时,也要有意识地去考虑,有哪些活动可以帮助里努斯改善动手能力,同时这些活动还要考虑到他的兴趣。

对该方法的整体评价

实施这种方法并不需要耗费太多时间,在幼儿园的常规生活中就可以操作。而且该方法对观察环境并没有过高要求,所有的任务和问题都通过儿童的日常行为来解答。观察表格中的问题较少,任务设置简单明了,因而很容易填写操作。

通过发展里程碑,教育者可以在没有确切诊断的情况下,快速地发现儿童发展延迟的

部分。所得到的发展结果，在进行进一步诊断之前，应该作为下一步强化观察的基础。

教师要确保所有的儿童都能在准确的时间被观察到。

但是这种方法也有缺点，就是无法对于儿童的整体发展形成全面的认识。通过这种方法，教师只关注到了儿童某项特定的能力特征，这个能力是在本年龄段中应该达到的，但是无法准确地描述儿童发展的跨个性化差异和内在个性化差异[1]。这种方法就是我们之前所说的缺点导向型方法。教师对儿童的强项和能力没有给予充分的关注，而是更多地关注儿童目前尚且不能完成的事情，并且专注于思考怎样对这部分进行提升。如此一来，就缺乏对儿童能力和兴趣的关注，而这些恰恰是教育者最应该重视的，这些强项和优势可以让儿童在自身发展中体会到尊重和成就感。

这种方法不能够作为幼儿园中唯一的观察方法，它是一种很重要的早期预警系统，在使用的同时也要辅以其他的方法，以便充分照顾到儿童的强项和能力，促进儿童的个体发展。

只有通过多种观察方法的综合运用，才能够得出全面客观的观察结果，进而开展适合儿童发展情况的教育活动。这些活动要符合儿童的兴趣和爱好，关注到儿童的强项和能力，可以有效促进儿童的全面发展。

所以教育工作者应当加强对儿童发展心理学方面的理论储备，在教育工作开展过程中积极使用优点导向型观察方法，善于发现儿童的优点和强项，将此纳入整体发展报告，形成关于儿童发展的全面形象。

2. 聚焦儿童交流能力发展的方法

（1）小女巫的语言冒险[2]

君特−普茨（Gunter Pütz）等 2010[3]

概况

目标群体：

3—6 岁的儿童。

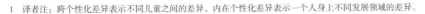

1 译者注：跨个性化差异表示不同儿童之间的差异，内在个性化差异表示一个人身上不同发展领域的差异。
2 本方法提供观察记录表（表五），可扫描本书封底二维码获取。
3 本方法原名为 Die Sprachabenteuer der kleinen Hexe, Silke Schonrade/Gunter Putz/Marc Wedel. 2010.

工作目标：
- 对儿童语言以及声音发展进行系统观察和评估。
- 发现儿童在语言方面的强项。

实施时长：
这个方法比较灵活，且取决于具体情景，所以无法准确地预判持续时间。

设置：
这个方法由针对多个孩子的24个游戏和观察情景组成，由一名或者是多名教师引导实施，较为理想的测试场所是在儿童活动室中进行。

特征：
该方法是基于普茨等人在"小女巫历险记——运动与感知的观察、理解、评价与促进"中的基本架构而设置的。这一部分我们在后文会介绍。

通过这种方法，儿童的语言发展水平、语言能力以及声音都能够被观察和评估。除此之外，儿童在其他方面的语言基本能力，如语音意识、口腔运动以及语言感知能力等，也能够被很好地记录下来。

实践方法

孩子们会得到一些有趣的任务，这些任务会被融入3个不同的故事（在"实践案例"中呈现）之中，总共有24种预先设置的情景（见电子资源表五）。设置场景时要以促进对儿童发展能力的评估为出发点，即通过用贴近生活的方式，以游戏的形式去设置观察场景，这样可以为评估儿童的发展情况提供导向。

在这些故事的框架下，儿童会被邀请去完成"冒险活动"，并且通过不同的考试。在游戏结束之后，不管结果怎样，每个儿童都会获得一个女巫证书。该方法往往由两名教师共同实施。一名教师与儿童一起参与到故事中去，另一名教师负责观察和记录。此外，建议对游戏情景进行视频记录，这样可以方便后期进一步准确地分析。

通过在情景中强化对儿童的观察，教师可以观测到丰富且有说服力的内容，例如儿童的肢体运动、口腔运动、空间能力、语言理解、声音质量、语言能力、语音意识、听觉反应、眼神交流以及听力和视觉上的感知能力等等。在这个方法中，根据不同的观察情景我们也能得出相应的促进儿童发展的建议。同时，教师可以将这些措施应用到日常生活中去，用以诊断和促进儿童的语言发展。该方法的观察表格是提前设计好的标准化的表格，表格中除了关于观察结果的客观问答题之外，还可以进一步对观察情况进行记录。表格的具体内容可以参照电子资源表五。

通过观察结果，教师可以总结出很多促进儿童语言发展的意见和建议，这些意见和建议不仅对于学前教育领域，对于其他相关领域如语言学等也具有很重要的参考价值，如此一来便促进了跨学科的发展。

实践案例

在执行每个任务之前，孩子们需要朗读一个故事，然后他们要根据自己得到的任务对故事进行解答。这就要求教师在设置任务时为儿童提供足够细致的描述，准备好必要的材料，创建适当的游戏环境。

教师在游戏任务中可以获得很多实用性的信息，可以对儿童的发展状况进行有针对性的观察，并拟定促进措施。该方法在幼儿园中一般以小组为单位进行，每组4名儿童。孩子们的年龄在四五岁左右，这种方法是针对是儿童语言发展状况进行整体评估。如下故事可作参考。

1. 女巫王国

你被接纳进入女巫王国，作为一个女巫。但是，它并不像你想象得那么简单，你必须成功通过女巫指导的"巫婆测试"。考试开始，女巫首先给你一个魔法词汇，请重复。

在完成了这一关的考验之后我们继续走向森林的深处，这时一个声音由远及近地传来。森林里黑漆漆的，我们只能看清楚眼前的东西。等这个声音离我们很近了，大家这才发现是地上盘着一条响尾蛇，它的尾巴在沙沙作响。

继续往前走了一段，有一条龙出现了。龙对我们感到很好奇，这时女巫带我们每个人来到龙的跟前，跟它讲我们已经知道了什么。

女巫陪我们到了下一关考验，就是学习如何骑扫把。为了让扫把能够飞行，我们必须执行另一项任务。女巫指着森林里放着各种木块的地方，我们要将木块放进布袋中。

这时我们突然发现，我们的扫把被偷了。没有扫把我们是无法完成测试并且逃离女巫王国的。偷扫把的是巨人安通，他现在睡着了，我们要趁他睡着的时候把扫把偷回来。这时我们试着轻轻地叫他的名字，看他睡得有多沉，还好他睡得很沉，我们得以把扫把偷回来。

又翻过了一座山，女巫考试的第一部分就通过了。还记不记得我们放在袋子里的木块呢？这时我们需要将木块拿出来，搭建一座小塔，搭建完成后，我们就正式成为女巫王国的一员了。

2. 魔法山历险

女巫带领我们，拿起魔杖，启程进入魔法山。走了一段路之后遇到了一个精灵，他告诉我们，在山谷里我们会听到一个非常悦耳的声音。顺着那个声音，我们要找到一棵水晶树。

很快我们遇到了第一个障碍，是一条水流很急的小溪，小溪里住着有魔法的青蛙。女巫把准备好的食物送给青蛙，我们顺利地淌过了小溪继续前行。

通往山谷的路非常难走，低矮的灌木丛密密麻麻地缠绕在一起，天色也渐渐地暗下来。一路下来我们也非常劳累，所以此时我们停下休息。这时精灵又出现了，这次我们需要帮助他，他说："只有你们告诉我这些东西的名称，我才会告诉你们继续通往魔法山的路。"我们帮助了他，他给我们指了路之后又再次消失了。

我们终于到达了山谷，这时精灵又出现了，他告诉了我们水晶树的位置。我们找到水晶树，完成了这一次历险。

3. 魔水

在月圆之夜我们要出发去寻找魔水，魔水能够让我们有更强的魔法。当然要找到魔水是不容易的，我们要先准备好金币并且分类装好，这些金币是来买魔水用的。

我们拿起魔杖再次进入森林中，女巫告诉了我们一个小秘密：魔水就在一个老女巫那里，她住在森林尽头的一个洞里。她将魔水灌到了一个闪着蓝光的瓶子里，里面又混入了森林中有魔力的草药。我们想给老女巫带点礼物，森林里有很多短树枝，我们捡起一些短树枝，用来点火加热魔水。

在黑暗中我们迷了路。继续往前走我们发现在路边有一些小标志，我们将标志捡起来交给女巫，以便让她为我们指路。

终于我们到了老女巫的洞口，她正在归类很多我们没有见过的东西。老女巫给了我们一些石头让我们触摸，我们需要记住这些石头的形状，然后在洞里的墙上找到相似的形状。完成了这个任务之后，我们就看到了在一个小石头上面的蓝色的瓶子，那就是我们要找的魔水。

在进行"小女巫的语言冒险"这个方法时，教师要在准备阶段时详细讨论实施方案，并根据方案制定出所需的材料清单。

材料：该方法要使用的材料应当在准备阶段就整理好，比如打印观察材料，给每个孩子制作女巫证书，以及给孩子们准备女巫服装等。根据准备的实际情况要及时查漏补缺。

组织：确定时间、地点、参与儿童的数量和名单，参与条件（主要考量儿童的年龄、发展状况、语言理解能力、注意力、社交表现等），对于不参与测试的孩子的照护也要考虑周全。在观察活动进行之前，要将相关信息告知家长和参与的儿童。

实施：与同事一起进行试验，创设情景的空间，准备儿童的服装，以及准备必要情况下老师的服装。明确实施期间的分工、记录。

评估：将观察内容写进记录表格中，分析视频资料，与同事进行交流，研讨下一步的举措。

在该方法中，我们通过不同的活动来观察儿童不同方面的发展状况，比如孩子们要给一条龙喂食（找到概念），根据计划建造了一座魔塔（视觉感知），对金币进行了分类（语义、词汇、语音意识）等等。

从这个情景中我们可以得到大量关于儿童语言发展现状的信息。这些信息将成为幼儿园中促进儿童语言个性化发展研究的重要基础。

对该方法的整体评价

这个方法将不同的任务嵌入到充满想象力的故事中去，使得儿童在游戏过程中积极主动地参与进来，同时也避免了令人紧张的测试氛围。在这种方法中，教师不会得到任何孩子们做出了某件事的刻板印象。游戏中孩子们的状态都是顺其自然的，是符合孩子们的经验的。

这种方法适合对儿童语言方面的发展状况进行首次评估，教师可以通过这些游戏有目的地实施他们的观察工作。如果想从观察结果中得到相应的促进措施，教师需要具有语言发展和心理发展的基本背景知识和常识。实验中的一些具体实例也能够对这些起到促进作用。

但是这种观察方法不管在准备阶段、实施阶段还是后续研究促进措施等方面，都属于在日常教育活动中成本比较高的一种方法。它要求我们进行完备的准备工作，准备翔实的材料和理论背景知识。而且实施该方法要求在小组中配备两名老师作为观察者，这在很多幼儿园里会因为人手紧张而难以实现。

同样，空间因素对于很多幼儿园来说也是一项挑战。这种实验方法需要一个足够大的空间，以便于材料的准备和观察活动的实施，一般来说只有较大的活动室才能满足需求。但是往往幼儿园中的活动空间已经提前被安排了活动，或者供孩子们自由使用。这样一来，教师就无法利用足够的空间来准备材料。

一般来说每个幼儿园都已经具备了该方法所要求的材料和器械，所以这些方面不会产生太多的花费。观察表格和实施的模板可以在本书的电子资源中找到。有时观察表格模板中的记录方式过于模式化，对很多问题只是简单地划分为"对""错"或者"完成""未完成"，并没有给观察者创造性的记录留有空间。这种情况下，观察者可以充分发挥主观能动性，根据自己观察的情况进一步加工记录表格，加入自己想补充的内容。

3. 聚焦儿童运动机能和感知的方法

（1）MOT 4-6 儿童运动机能测试[1]

雷纳特-吉摩尔（Renate Zimmer）2015

概况

目标群体：

4—6岁的儿童。

工作目标：

这个新的测试方法目的是收集4—6岁孩子的运动发展状况。

1　本方法原名为 MOT 4-6 Motoriktest fur vier-bis sechsjahrige Kinder.

实施时长：

每个孩子大约15—20分钟。

设置：

该测试要在体育馆中进行。

特征：

该方法主要是对4—6岁的儿童普遍性的基本运动能力和运动水平进行测试评估。对于残疾的儿童来说，该方法也可以到8岁左右再进行，因为身体的残疾会影响他们运动能力的发展，残疾儿童8岁时的运动能力可以和正常孩子6岁时的状态进行比较。通过测试结果和对孩子们运动行为的观察，教师可以得出关于儿童运动发展水平的相关信息。此外，还可以从中提炼出促进儿童下一步运动能力发展的建议举措。在这种测试方式中，可以为不同的运动项目设置不同的小组，进而提高观察和测试的效率。

实践方法

同其他测试一样，该测试所需的相关要素和信息有标准化的模式以供教师提前准备，比如任务的顺序、给孩子们发出的指令、对测试内容进行评估的方法以及记录模式等。这个方法包含18项不同的任务。它们可以满足不同年龄段儿童相应的需求，并且包含以下要素：

- 身体敏捷性
- 细微动作的精准性
- 平衡能力
- 反应能力
- 弹跳力和速度
- 运动准确性
- 协调能力

对于每个任务的评估分为三个不同等级：

- 0分＝没有成功/过多的失误
- 1分＝1次成功尝试/部分失误
- 2分＝2次成功尝试/没有失误

测试的分数要被计入记录表格中。在这个方法中，测试者还可以针对儿童在测试期间的表现写下相应的文字记录。测试结束后，每个任务的分数被加在一起算出总分。从相应的标准或年龄表格中，测试的总分可以被读取为"MQ"（运动商）。这个概念就像"IQ"表示智商一样。

"MQ"的值在85—115之间，代表儿童的运动发展水平是正常的，或者处于平均水平。"MQ"值在130以上，代表儿童的运动能力是优秀的，或者高于平均水平。如果"MQ"值低于85的话，儿童就会被定义为"运动异常"（70分）或者"运动障碍"（低于70分）。值得注意的是，由于测试中的一些可能出现的错误，在实际计算的时候教育者要留出正负5分的误差范围。也就是如果当一个儿童最终得分为93分的话，那他的实际MQ值是在88到98之间。

实践案例

菲利克斯今年5岁，在班级中经常会因为一些冲动的行为显得格外突兀。他手忙脚乱且大幅度的肢体动作导致他总会掉东西，会朝着障碍物（桌子椅子）或者其他的孩子跑过去。总的来说，他的行为缺乏专注度并且不受控制。所以教师团队决定，对他的注意力以及日常生活中的运动行为进行有针对性的系统观察和评估，并且通过标准化的测试方法得到准确的帮助措施。为了收集他的运动发展状况，教师团队使用了MOT 4-6方法。

在测试中，菲利克斯对活动室里一对一的情境感觉很好。他很认真地听，并且能够完全理解指令。几乎所有的任务他都开心地完成，唯独几个需要在桌面上完成的任务（如火柴归类等），他出现了些许冲动的表现，发了一些牢骚。总的来说，他的完成度居于平均水平。最终的总得分是17分，换算成MQ就是95，我们预测菲利克斯在运动方面的困难并没有得到证实。测试结果说明，他的"异常表现"是结合了他的日常表现来判定的。也许是因为狭小的空间或者过多孩子在场导致了他的"失态行为"。在测试的大空间中，仅有他自己时，我们的确没有观察到他的行为异常。教师还对菲利克斯进行了专注度测试，但是测试结果尚未出来。通过这项实验，教师应该更多地去考虑，如何帮助菲利克斯实现更多的"活动自由"。

对该方法的整体评价

这种方法总体来说是很适合孩子的，尽管任务比较多，但是参与的孩子们大多数都很积极，一直到最后还在认真参与。相比于其他的方法，这种方法的准备工作成本比较高，同时每个孩子的测试时间是25—30分钟，比起本书中提到的其他方法来说用时也较长。所以我们推荐，可以连续测试多个孩子。这样，教师便可以相对长时间地留在测试组里。

测试教师需要在准备阶段强化相关的理论基础和与测试相关的内容，同时，还需要提前准备好测试所需的计划、实施方法、评估注意事项等。我们建议，使用这种方法进行实验的，最好是今后想在"儿童运动"以及"运动心理学"领域开展深入研究的教师。

显然我们要看到这种方法积极的一面，它在早期辅助促进运动领域是被认可的。根据这种方法的测试结果，儿童的运动障碍可以被及时发现，并且及时转送到有关机构中进行有针对性的辅导。教师可以加强与这些机构的合作，为儿童发展制订进一步促进措施。

但是，由于这种方法是缺陷导向型的，所以在实验过程中儿童的强项和优势没有被充分关注到。作为导向辅助，在实施过程中，可以和其他方法共同使用。

（2）儿童运动评估法

弗朗茨-皮特曼（Franz Petermann）2015[1]

概况

目标群体：

3岁到16岁11个月的儿童和青少年。

工作目标：

这一运动诊断方法的目标是对3到16岁的儿童和青少年的运动发展水平进行有区别的收集和记录。测试的结果展示的是儿童在运动方面的强项，但是也能体现出他们需要帮助和辅导的方面。

---

1 本方法原名为 M-ABC-2-Movement Assessment Battery for Children.

实施时长:

每个孩子大约20—30分钟。

设置:

在一个适合运动的环境中或者在桌上进行单项测试。

特征:

该方法的其中一种版本是国际公认的运动诊断方法,通过这种方法可以对3—16岁儿童大肌肉运动技能和精细运动技能的发展水平进行诊断和记录。

实践方法

该方法总共有8个不同的任务,通过这些任务可以测试儿童不同领域的运动能力,如动手能力、玩球能力以及平衡感等。通过这些任务,可以观察到儿童各方面运动能力的概况,以作为后期教育和治疗的基础。这些任务的实施是标准化的。任务要求均被明确规定,如果有需要的话还会在正式实施前进行排练环节。任务的顺序也是提前被确定好的,但是可以根据实际情况调换顺序,以激发孩子们参与的热情和动力。此外这些任务也可以融入游戏活动中,这样能够让年纪较小的儿童更容易地参与测试并且充分理解这些任务。

测试分为三个年龄段:

- 3岁到6岁11个月
- 7岁到10岁11个月
- 11岁到16岁11个月

每个任务的原始分数相加得到总分,将分数填入到表格中并且对应相应的百分数,这样比较容易将测试结果与同龄孩子进行比较。我们将结果分类为"符合年龄""异常"和"需要治疗"。具体分数等级见下表。

< 5	5—15	16—100
需要治疗	异常	符合年龄

实践案例

马克斯今年3岁,他现在正与他的测试老师一同坐在桌前。他刚刚完成了第一次动手能力的测试，紧接着要进行第二次任务。教师正对第一次的测试结果进行检查。

桌子上有6个珠子和1根绳子，他需要用绳子把所有的珠子穿起来。老师将任务讲明并进行演示，马克斯将所有的东西摆弄了一会儿之后，终于将第一个珠子穿了起来。但是他还是不太自信，得到老师的表扬之后他开始有信心了，知道自己做的是对的。经过了简短的练习之后，测试完成。

我们记录了马克斯完成任务所需要的时间，是一分半钟。显然对他来说捡起珠子是比较困难的。我们把这个时间放在表格中与同龄的其他孩子比较，同龄孩子完成任务最多用了78秒，马克斯用的时间多于他们。所以他要再完成一次尝试，因为第一次用的时间太多了。值得注意的是，马克斯要比较费力才能使用镊子稳固地夹住单颗珍珠，因为珠子在不断滚动。

这个内容在观察表格中会以文本分析的形式出现。在这个例子中很好地展现了我们如何在测试中将儿童运动能力的数据结果与质性分析相结合。最终，马克斯在总体评判结果评定等级为27。根据分数等级，马克斯的测试结果属于"符合年龄"，因此我们可以得出一个结论：马克斯的运动发展水平处于同年龄段儿童的平均水平。

对该方法的整体评价

这种方法在准备、实施和评估阶段都相对节约时间，所以也比较好操作。这些任务都符合孩子们的实际年龄，所以对于大多数孩子来说都比较好完成。在筛查的过程中也可以比较清楚地区分"异常"和"无异常"的儿童。该方法的测试场景是标准化的，与日常生活的直接联系较少，所以这可能导致儿童在测试过程中感到不适。此外这种方法将数据收集和内容分析结合在一起，我们建议在每个任务结束后要对观察细节进行补充和深入分析。

这项测试所适合的年龄范围较广，所以我们可以在不同的时间点对不同年龄段的儿童进行测试。通过该测试，我们不仅能够得到儿童的强项和优势，同时也能发现他们的弱项，看到他们需要帮助的地方。这项测试可以通过标准化的实施过程，经过前后多次测试结果的比较，得到客观的结果，以确定儿童所需的帮助措施或者治疗方式。

为了得到最可靠的结果，我们应该将测试的结果与日常观察相结合进行分析和比较。但是，从测试结果中无法直接得出促进措施，所以这就需要一个受过针对训练的教育者根据测试结果去制定相应的措施。

（3）小女巫历险记[1, 2]

君特—普茨（Gunter Pütz）2008

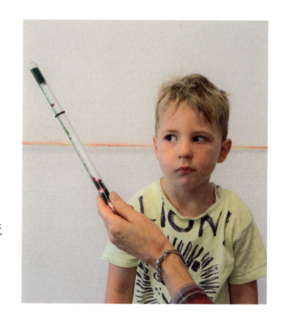

概况

目标群体：

4—6岁的儿童。

工作目标：

- 对儿童在感知和运动方面的能力进行系统的观察。
- 用来发现儿童的优势和强项。

实施时长：

该方法比较灵活，且取决于具体情景，所以无法准确地预判持续时间。

设置：

该方法是由针对多个孩子的24个游戏和观察情景组成，由单名或者是多名教师引导实施。理想的测试场所是活动室。

特征：

通过在这种情况下对儿童强化观察，可以对儿童的感知和运动表现做出广泛而有效的陈述。这被分类为12个维度，例如前庭感知和平衡、动觉感知、身体模式、身体协调能力、

1　本方法原名为 Die Abenteuer der kleinen Hexe, Silke Schönrade/Gunter Pütz 2008.

2　本方法提供观察记录表格（表六），可扫描本书封底二维码获取。

视觉感知、左右平衡等。除了评估之外，这些观察结果还可以用于陈述儿童对于学习能力（例如阅读、写作和算术）的发展程度。

这个方法针对观察情况制定了日常生活的支持建议，以便可以将诊断和语言支持整合到日常生活中。观察结果记录在观察表中（见电子资源表六），这些是预先构建和标准化的。除了预先制定的观察结果答案外，它们还留出空间来记录各自任务的进一步自由观察。

教师在游戏任务中可以获得很多具有实用性的信息，可以对儿童的发展状况进行有针对性的观察，并拟定促进措施。

实践方法

孩子们会得到一些有趣的任务，这些任务被融入于3个不同的故事之中（参照"小女巫的语言冒险"），总共有24种预先设置的情景。设置场景时要以促进对儿童发展能力的诊断为出发点，即通过贴近生活的方式，以游戏的形式去设置观察场景，这样可以为评估儿童的发展情况提供导向。在这些故事的框架下，儿童会被邀请去完成"冒险活动"，并且通过不同的考试。在游戏结束之后，不管结果怎样，每个儿童都会获得一个女巫证书。

该方法往往由两名教师共同实施。一名教师与儿童一起参与到故事中去，另一名教师负责观察和记录。此外，建议对游戏情景进行视频记录，这样可以方便后期进一步准确地分析。

通过清单我们能清楚分工，明确哪位同事负责哪一部分的任务：谁整理材料，谁打印女巫证书，谁负责与孩子们一起讲故事，谁来观察，何时在团队中分析评估内容，何时将结果告知家长等。具体的工作排班和活动室安排也必须提前规划好。新同事可以参与进来，以此为契机加强对他们的培训。

实践案例

该方法在幼儿园中可以定期组织实施，约每半年一次。实施实验时要有准确的计划和清单（参照"小女巫的语言冒险"）。

活动区域要提前一周左右准备好，以便于测试的实施。

测试中可以安排多名儿童混编分组，每组儿童互相帮助，共同完成实验任务。

评估工作首先由测试组的两名测试教师进行。根据情景不同可以邀请其他同事一同参与观察结果的分析论证。

通过观察测试，应该为每位儿童得出一个个性化的提升方法，可以在幼儿园中对他们进行有针对性的促进练习。关于这些措施，教师团队中要仔细研究论证，既要适合孩子，也要考虑到整个幼儿园的实际特点。

观察结果和所采取的措施也需要与父母沟通。在有些情况下，我们也推荐采取外部措施，如家庭干预。

孩子们在历险游戏的过程中获得了很多的乐趣，他们愿意积极地参与其中，他们也期待新的探险，他们对自己完成的任务和成功的结果感到骄傲和自豪。

对该方法的整体评价

这种方法可以帮助教师在幼儿园中给儿童提供个性化的帮助，任务中的故事非常贴近日常，因此也可以为儿童日常实践提供有益帮助，有助于儿童顺其自然的健康发展。儿童不会将其看作是一项测试，因为它是在游戏的情景中，以一种魔幻的形式操作实施的。所以它符合一个测试方法的基本要求。

不过这种方法在时间和人力上的成本非常高。前期打印相关的资料需要花费很多时间。同样，分组、准备材料包括分工的计划以及空间准备，都是比较耗时的。如果幼儿园本身存在着教师资源人手不足的情况，那么在多个小组中对多名孩子进行测试就变得更加困难了。

该方法得以成功实施的基本前提是对教学人员进行深入的培训，并掌握扎实的发展心理学方面的基础背景知识，尤其是认知和运动领域的基础知识。在此我们建议，可以对教学人员进行专门的培训。

除了观察表格中标准化的问答之外，观察者在测试中还要对儿童进行随机自由的观察。因为标准化的答案无法全面地展现儿童的表现情况，有时候儿童会表现出一些其他的行为方式，他们会以一种非常有创造力的方式去解决问题，教师应当及时将这些情况记录下来，不要急于做出"正确"或者"错误"的评价。

儿童的行为在很大程度上受到所处环境的影响，所以从测试中得到的印象也要结合儿童日常的整体表现进行综合分析。

（4）弗洛斯蒂格视觉感知发展测试

施耐德（Schneider）等2008[1]

概况

目标群体：

4岁到8岁11个月的儿童。

工作目标：

检查儿童关于背景感知、形状恒常性、空间关系、空间能力等方面的能力。

实施时长：

每个孩子大约25—60分钟，评估时间约10—15分钟。

设置：

每个孩子在房间内的桌子上进行单独测试。这个测试要在一个相对很轻松的氛围下进行，测试的房间要保证良好的通风条件和灯光。尤其是对于年纪比较小的儿童来说，如果环境不好，比如房间内有很多开放式的柜子和置物架，或者房间内有噪声，这些因素都会影响儿童的注意力和参与热情。为了在一开始就制造一个良好的测试氛围，有必要在实验开始前满足儿童的基本生理需求，如喝水、吃饭等。对于年龄较小的孩子，还要提前计划好在活动的间隙安排休息。测试中的一个子测试"视觉-运动速度"要在孩子满5周岁的时候才可以进行，其余的所有子测试都可以让所有年龄段内的儿童参加。每个子测试在下文都已经有了详细的说明，我们会根据儿童不同年龄的理解能力，在测试的描述语言上做出相应调整。

特征：

弗洛斯蒂格视觉感知发展测试（下文简写为FEW-2）是皮尔森1993年视觉感知发展测试的德国本土化版本，该测试的最初原型是由弗洛斯蒂格在20世纪50年代开发完成的。在这一时期，弗洛斯蒂格将视觉感知的五个领域（手眼协调、身体基础、体型稳定、空间位置和空间关系）用作心理测试。但是弗洛斯蒂格早期测试还存在一项重要的特点，即视觉感知的表现很大程度上和运动表现相重合。

---

1 本方法原名为 FEW-2-Frostigs Entwicklungstest der visuellen Wahrnehmung, Gerhard Büttner, Winfried Dacheneder, Wolfgang Schneider, Katja Weyer.

因此，这项测试在这个版本中进行了进一步的设计与调整，明显删减了运动方面的测试内容。

实践方法

这项测试由8项子测试构成。

① 手眼协调（空间关系）测试。

手眼协调是以视觉来协调身体的整体和部分运动。如果你看到了某个物体并且想去抓住它，那么你的手就会被视觉控制（Lichtenauer et al., 2011）。

② 空间能力测试。

空间能力是在空间中感知形状的能力，指能够辨认出隐藏或者重叠的形状，能够获得对形状的认知能力和区分能力。这个领域中，儿童要在练习中学会将注意力集中在主要形状上，将主要形状与它所在的背景区分开来。

③ 形状描摹（形状恒常性）测试。

如果儿童具备了这个能力，尽管可能视觉印象不同，但是能够在不同的视角下感知到一个物体的特点。无论这个物体的具体特征，比如大小、位置、结构、颜色、阴影等是怎样的，我们都能准确地捕捉到它的原始形状。这是人们认识几何图形的基础，也是后期认识字母的基础。因此，无论这个字母出现在哪个单词中，我们都能准确地识别出来。

④ 空间感知测试。

在儿童的认知发展过程中，他们会感知到自己处在世界的中心，物体是在他的周围，比如前后左右。对于空间位置的感知就是感知物体与观察者之间的位置关系，同样也包括不同物体之间的位置关系。

⑤ 空间关系测试。

FEW-2的测试内容中展示了用传统的方法描摹一个形象，以此来测试视觉感知能力。借此我们还能够获得儿童的发育状况、大脑功能障碍以及精细运动能力的信息。同样，物体的视觉形象也能够变得更加清晰（Büttner et al., 2008）。

⑥ 形状破碎（形状恒常性）测试。

在这个测试中，当一些常见的物体以部分、破损或者被裁剪的形式出现时，被试应该能精准地识别出来。这个能力对于我们识读生僻字特别重要，同时，对于识别破损或者残缺的日常物体也很重要。

⑦ 视觉-运动速度（形状恒常性）测试。

视觉能力和运动能力的结合，是我们在解决不同形式的问题时决定能力和反应速度的前提。在这个测试中，需要测量儿童接受视觉刺激的速度（Lichtenauer et al., 2011）。

⑧ 形状恒常性测试。

空间关系的感知能力是指，我们能够识别出模型和反复出现的结构，并且将它们和类似的结构归类到一起。

为了能够识别到不同结构之间的关系，我们不仅需要有关空间位置的知识，还需要深入了解空间关系。

每个子测试的分数会被加在一起算出总分，然后在表格中算出测试值。对此，教育工作者每半年需要进行一次有针对性的规范检查，以确保子测试中的数据结果正确。

通过单项测试的测试值我们会得到三种指标：普遍视觉感知（所有子测试）；无运动感知（4个子测试）；视觉交互运动。

针对不同年龄段的儿童（两个年龄组：4岁，5—8岁），我们制定了不同的测试统计表格。在每个表格中都能够直接读取数据结果。

在对子测试结果进行阐述的时候，我们首先要对分数段进行定义，即明确哪个分数段属于什么水平。比如哪个分数段属于平均状态，哪个属于平均以下、较弱或者非常弱等。

实践案例

① 手眼协调（空间关系）测试。

例子：儿童要在实验要求的轨道上画一条线。

② 相似图形（空间能力）测试。

例子：先让儿童看一个形象，然后他们需要从众多形象中选出相似的图形来。

③ 形状描摹（形状恒常性）测试。

例子：儿童需要绘制各种绘图模板。

④ 背景感知测试。

例子：儿童需要在复杂的插图中找到不同的形象。

⑤ 空间关系测试。

例子：儿童要把网格点中的折线组合在一个空的网格中画出来。

⑥ 形状破碎（形状恒常性）测试。

例子：儿童要从许多破碎的形象中选出与主题模板相对应的形象。

⑦ 视觉-运动速度（形状恒常性）测试。

例子：儿童需要在限定时间内，将形状内的标记放到自己的形状模板中。

⑧ 形状恒常性测试。

例子：儿童要从众多不同的形状中选出与示例相同的形状，但是这个形状与示例中的原形状相比已经改变了大小。

儿童空间能力训练

对该方法的整体评价

FEW-2对以往传统的视觉感知测试经进行了较为成功的改进。在这个改进过程中，进一步减少了测试结果中运动方面的影响。但是这种方法与现有的视觉感知方案没有太大关联。FEW-2适合于那些在特定感知方面受损害程度较大的儿童。但是单用该方法无法得到医学方面的诊断结果。在进行更复杂的诊断之前，可以使用这个方法获取更多的价值。实施该方法的另一个挑战就是如何鼓励孩子参与。如果孩子参与兴趣不大的话，我们也很难得到理想的测试结果。

4. 聚焦儿童社会情感发展的方法

（1）儿童参与度评估测试[1]

马里亚纳-科克（Mariana Kog）等 2009[2]

概况

目标群体：

3—6岁的儿童。

工作目标：

对儿童在"承诺"和"情感满足"方面的发展和行为进行评估，将评估内容作为教育工作开展的基础。

实施时长：

观察时间大约10分钟。准备时间和后续工作时间约一个半小时。

设置：

不仅要对儿童活动小组进行整体评估，还要在幼儿园的日常生活中对每名儿童进行有针对性的观察。

---

[1] 本方法提供测试表格（表七），可扫描本书封底二维码获取。
[2] 本方法原名为 Die Leuvener Engagiertheitsskala-Beobachtung und Begleitung von Kindern, Eis Vandenbussche/Mariana Kog/Luk Depondt/Fere Laewen 2009。

特征：

借助参与度表格，可以将"参与度"和"幸福感"作为评估儿童发展潜力的标志。幸福感和参与度描述的是儿童成长过程中发展的进程。参与度描述的是一个活动的强度和参与活动时付出的精力。所以参与度不是一种人格特点或能力，而是用来体现儿童教育进程的质量。幸福感描述的是一种情感上的状态，在这种状态下人能够获得令人满意的心理、身体社会地位或社会属性。这种状态可能会通过一些具体的描述比如"感觉像在家里一样""可以轻松地做自己"等体现出来。

在这里我们会观察，儿童是如何忘我地从事一件事情，乐于发现与研究，自己思考，追求新的经验和知识。研究参与度的出发点是，如果孩子在进行活动的过程中，到达了"已经有能力"和"没有能力"的临界点，那么他们就会获得进一步的发展（Schloemer, 2012）。

幸福感取决于儿童和抚养者之间关系和互动的质量。我们在以下关系群体当中要进行区别研究：

儿童—成年人（老师）；

儿童—其他儿童；

儿童—周边环境（如幼儿园、班级）；

儿童—家庭成员或关系紧密的朋友。

实践方法

儿童参与度的观察体系是按照如下步骤进行的：

第一步，进行班级小组的整体评估；

第二步，对儿童进行个性化的观察和分析；

第三步，对教育活动的结果进行观察。

在观察中所获得的儿童参与度和幸福感的测试评分值从1到5，总共5个级别，1代表很小，5代表非常高。我们推荐在班级中使用"红绿灯"系统进行分析。名字被标记为绿色的儿童有很高的参与度和幸福感，他们的分数归类到4—5。名字被标为黄色的儿童，分数是中间部分的3。分数为1和2的儿童，也就是参与度和幸福感被定义为非常低的，他们的名字标记为红色。

如果儿童的分数处于1或者2的话，那么对老师们来说，就有必要进行干预。在参与度方面，儿童很少能够在幼儿园开展的教育活动中受益，因为这些无法满足他们的需求，所以也很难在他们发展和教育过程中给予支持。从幸福感的角度来说，就说明儿童感觉不幸福，需要教师通过更深入的观察来进行进一步的评估。

在幼儿园中，应该观察所有幼儿，以便于老师们了解他们的需求和兴趣，并且通过教育措施来帮助他们发展。从这个方面说，检查幼儿园整体框架结构并对老师们行为进行反馈是很有必要的。

对于观察活动的实施方法和模板，可以参照电子资源中的表格（见电子资源表七）。

实践案例

在一个幼儿园班级里，有2名老师对22名3—6岁的儿童用了这一方法进行评估。
- 第一步：班级整体评估

教师可自制班级整体评估表。首先将所有儿童的名字填入表格的第一列中。第二列中是老师们会对"孩子们在我们这里的感觉如何？"这一问题进行观察并记录。第三列是老师们对"儿童在活动中的投入程度如何？"这一问题进行记录。

两名老师在观察结束后针对结果进行讨论，并且确定出个性化观察的顺序。
- 第二步：个性化的观察和分析

接下来我们会以4岁男孩特奥的观察作为例子展示。

① 情感满足。

对成年人的态度

特奥很少与他人交流，当他需要帮助或者想提问的时候他也总是表现得很拘谨并且有些害羞。

评分：3

对其他孩子的态度

特奥跟其他小朋友相处非常融洽，他的态度很友好并且乐于助人，所以在班级中他非常受欢迎。他有3个很亲密的朋友，经常一起玩耍。而且在他们当中，特奥通常是领袖的角色，负责出主意想办法。

评分：5

对于玩具、班级和幼儿园的态度

早上特奥总是很乐意来幼儿园，并且进入小组的时候心情往往很好。与妈妈的告别对他来说不是很困难。在自由游戏的过程中，他有很多游戏的点子。不管在小组或者是在班级里面，他的状态都要比与老师单独相处的时候好很多。

评分：5

对于家庭成员和亲密朋友的态度

特奥与妈妈的关系很亲密,尽管如此,每天早上上学时与妈妈分离时也不会令他难过。当妈妈中午来接他的时候,他也会非常高兴。在小组游戏中他讲述了很多他的哥哥以及家庭中的事情。

评分:5

幸福感整体评价:4—5(高—非常高)。

② 参与度。

问题:孩子现在在做什么?

特奥现在在用不同的材料为他的汽车建一条专门的轨道。他会独立寻找管子,以及各种造型的木板和石材,将这些东西拼在一起,让他的汽车在上面行驶。当他发现问题的时候,会多次修改自己的工程。他没有分心,很专注地去做这件事,而且没有因为过程中的失败而灰心。

参与度整体评价:5(非常高)。

• **第三步:教育活动的结果**

① 情感满足。

强项:特奥对其他孩子非常友好,他非常友善,并且乐于助人,他和朋友建立了很亲密的关系。

弱项:特奥在与老师的交流中显得有些害羞和不自信。他很少寻求帮助,也很少主动交流。

② 参与度。

强项:特奥很喜欢他的搭建任务,他很热忱并且坚持不懈地参与其中。他能够长时间地集中注意力,并且不会因为失败而丧失信心。

弱项:特奥在面对新环境的时候会显得比较害羞和谨慎。需要一些时间来适应并接受新事物。

③ 其他。

强项:特奥在班级中非常受欢迎,他乐于助人并且对其他孩子非常友好。

弱项:无。

问题评估:

整体来说,特奥在面对老师的时候比较害羞和拘谨。由于他比较独立,并且情感方面也比较稳定,所以他很少需要和老师直接交流。他和班级中其他小朋友的交流很多,并且多次承担领导的角色。

因此老师们需要试着接近他,对他的行为活动表示兴趣和尊重,并且借此给予他支持和安全感。

教育工作的目的：

找到与特奥的更多联系，支持他的兴趣爱好，扩大他的活动空间。

可能的出发点：

通过游戏的环境与特奥进行互动，从他的兴趣入手与他进行交流，或者与他一起进行游戏活动（比如和他一起搭建游戏）。

对该方法的整体评价

这是一个以儿童为中心的观察方法，把儿童作为个体，将他们的强项和弱项都纳入我们的视野中。但是该方法的焦点更多的是在那些中下水平的孩子身上。这就可能导致其他的孩子淡出我们的视线。这种方法的观察活动非常贴近生活，没有设置人工的测试环境，可以避免儿童在这些环境中感到陌生或不适。

该方法的基本目的是观察儿童是否感到幸福并且积极地参与到某项活动中去。该方法并不是为了找到儿童的缺陷，而是去查看我们的教学活动是否适合儿童的需求，是否需要进行相应的改动。通过这种方法我们尝试从儿童的视角进行观察和分析。只有在儿童感觉舒适并且积极参与的情况下，才能认为幼儿园的整体教育框架是好的。

为了能够对幸福感和参与度进行观察和评估，教师需要充分掌握儿童教育进程的经验和理论知识。为了尽可能地得到客观的评估结果，教师之间进行深入的交流，并且持续反馈观察活动结果也非常重要。

该方法需要融入相应的教育活动中进行，并且能够被所有的老师共同使用。该方法会浪费较多时间，但是它依然是教育活动设置的基础。这种方法的花销是相对较低的，所需要的观察表格在本书的电子资源中就能找到模板，并且在观察中也不再需要额外的材料。

（2）儿童优势发展和弹性观察法[1]

托尼·迈尔，米夏埃尔·乌里希（Toni Mayr, Michaela Ulrich）2006[2]

概况

目标群体：

幼儿园中3岁半到学龄期的儿童。

工作目标：

对儿童的社会情感发展给予系统的观察、陪伴和支持。观察结果基于儿童的资源和优势。

实施时长：

该方法需要对儿童进行强化且持续的观察，这些观察活动融入日常教学当中，所以没有具体的时间要求。

设置：

老师们通过观察表格上的项目，将观察任务结构化，并且在至少两周的时间范围内在幼儿园里集中实施此项观察活动（见电子资源表八）。

特征：

该方法的观察表格是基于弹性研究的结果发展出来的。观察活动在6个不同的领域进行，每个领域中又有6个不同的项目。

---

1 本方法提供观察表格（表八），可扫描本书封底二维码获取。
2 本方法原名为Perik-Positive Entwicklung und Resilienz im Kindergartenalltag, Toni Mayr/Michaela Ulrich。

实践方法

① 交流能力。

该领域中的任务目的是评估儿童在与其他儿童交流的时候，表现出来的不同的社会能力。在这里我们要进行观察和评估的是儿童在小组中的"位置"，还有儿童在与其他人交流或游戏时的主动性，以及同伴关系的质量。

项目示例：

儿童

- 感觉与其他孩子交流很轻松、积极。
- 愿意与其他孩子分享，愿意表达自己内心的想法。
- 他的意见对于其他孩子来说是重要并且能被采纳的。

② 自我控制。

3—6岁的儿童会慢慢获得有意识控制自己行为的能力。他们会去调整自己的需求，并且理解自己和他人的感受。这是儿童人格发展的重要里程碑。

项目示例：

儿童

- 在小组发言时，或者是分发玩具和食物的时候会耐心等待。
- 尊重其他孩子的习惯和愿望。
- 会与其他孩子相处，比如在其他孩子收到礼物时，与他们分享快乐。
- 如果伤害到另一个孩子的时候心情会受到影响，会主动道歉，并且想办法止损。

③ 自我表达。

儿童能够表达自己的愿望，维护自己的利益，当遇到违背自己意愿的事情时能够用合适的方式反抗或者拒绝，这是维护自己意愿和利益的基础。在观察表格中，可以通过"积极的自我表达""主张自己的利益"以及"有攻击性"来区分他们的特点。

项目示例：

儿童

- 敢于对成年人提出合理的要求，比如要求商讨某事。
- 当其他孩子对他进行威胁或攻击的时候，会在身体和语言上保护自己。
- 坚持自己的观点。
- 如果感觉自己被成年人不公正地对待时，能够大胆表述出来。

④ 自我调节。

儿童在面对压力状态下的反应取决于他情绪状态的稳定性、自我调节的能力，以及与周围环境进行交流的能力。

项目示例：

儿童

- 在激动之后能够自己恢复平静。
- 感到不知所措，很容易有压力。
- 不把比赛的失败看得太重。
- 在困难的环境中，即便非常伤心或者愤怒，也不封闭自己，可以保持沟通的开放状态。

⑤ 任务导向。

这里的任务指的是计划好的、系统实施的各种活动。但是这里指的不仅仅是对指令的执行，也包括儿童自己制定的或者自由选择的活动。通过观察表格，将会关注注意力、持久性、努力工作的意愿以及儿童在实施任务时的独立性等领域。

项目示例：

儿童

- 能够仔细而精确地进行操作，例如剪裁、粘贴、搭建。
- 工作得很顺畅。
- 可以长时间地集中精力做一件事。
- 需要赞赏和鼓励，才能完整地将一件事做完。

⑥ 探索乐趣。

探索乐趣指的是，儿童有动力去面对新事物，有发现新事物的乐趣，以及有积极的意愿去扩展自己的知识面。勇气和信心是探索的基础和前提，并且构成了儿童解决问题能力发展的基础。好奇心是一种天生的行为方式，对每个人都有不同的影响。在观察表格的帮助下，可以确定促进和抑制儿童探索的条件，以便更好地设置促进儿童未来发展的条件和行为。

项目示例：

儿童

- 对学习新事物很有兴趣。
- 有求知欲。
- 独立探索新事物。
- 在开始做某事的时候乐观并满怀信心。

幸福感和控制情感的能力是社会情感发展成功的标志，这也是学校成功开展教学活动的基础。

在这种观察方法中，对孩子的观察和相应教学活动的实施是紧密结合的。通过这些任务我们能够以数据的形式得出观察结果，此外还可以通过观察笔记来进行分析和补充。

对于观察表格的分析工作，我们既可以进行量化分析，也可以进行质性分析。基于分析的结果，可以有针对性地开展教学活动。

实践案例

在一个处于社会焦点的幼儿园中，有很多性格各异的孩子。通过教学实践，教师可以发现，很多孩子在社会情感发展方面需要得到支持和帮助。这个观察方法的使用，目的就是评估儿童的社会情感发展水平，并且给出有关教学措施的建议，以便在实践中更好地实施。老师们在准备阶段中，要接受关于0—6岁儿童社会情感发展这一领域的专业知识培训，还要对观察方法的操作方法进行系统的学习。此后，还要对幼儿园的相关要素件进行分析和计划，例如材料准备、家长信息、观察计划等。

在为期四周的测试期内，由两名老师观察每名儿童。两名观察老师对观察结果交换意见，彼此沟通，使得观察结果更加客观准确。通过观察，教师不仅要总结对每一个孩子的教育方式，还要获得针对整个幼儿园的整体教育方案。这些需要经过教师团队的集中讨论和翔实规划才能实现。

对该方法的整体评价

通过这种方法，教师可以对儿童的社会情感发展做出观察和评估。尽管在观察过程中辅以质性分析，并且该方法本身也是资源导向型，但是在观察中，我们还是很容易得出儿童在该发展领域中的弱势。从这一角度说，老师们在实施观察和使用不同工具时的基本态度是非常重要的。教师要注意把儿童优势和已有资源作为促进措施的出发点。

这种方法的实施是非常耗时的。除了需要多名教师对所有儿童在不同的情景下进行观察之外，专业的交流和总结以及制定相应的教育活动也是必不可少的。这对于很多幼儿园来说，时间压力非常大。但是同事之间及时的交流是很有益的，这使得观察结果更加客观准确。团队中的交流和对教育活动的共同计划，强化了团队成员的合作，并且对幼儿园教学方案的整体发展有着至关重要的影响。

实施该方法一个很重要的基础是对观察过程和结果评估提前进行详细介绍和说明。

使用该方法的好处是能够对儿童进行强化深入的观察，这使得他们的优势和能力更加明晰，尤其是那些表现出挑战性行为的儿童。此外，这种方法通过对儿童的陪伴，增强了儿童的安全感，这有助于陪伴和支持儿童，同时该方法也增加了老师们在制定教育活动时的明确性。

（3）儿童的能力与兴趣观察法[1]

托尼·迈尔（Tony Mayr）等 2002[2]

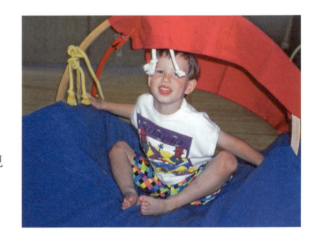

概况

目标群体：

3岁半到6岁的儿童。

工作目标：

- 对3岁半到6岁儿童的能力和兴趣进行观察和记录；
- 使儿童获得最佳发展；

---

1 本方法提供观察评估表格（表九），可扫描本书封底二维码获取。
2 本方法原名为 KOMPIK-Kompetenzen und Interessen von Kindern, Tony Mayr/Christine Bauer/Martin Krause.

- 促进教学工作和教学方案的进一步发展。

实施时长：

将观察活动融入日常教育活动中，对11个发展领域进行评估。每名儿童的观察时间为30—60分钟。评估有纸质版和电子版两种。

设置：

通过系统的观察和评估表格的辅助，对儿童在幼儿园中的表现进行观察。

特征：

该方法又被命名为 KOMPIK（下文简写为KOMPIK），是一种经过科学验证的方法。它基于对教育和发展的全面理解，并且兼顾不同教育计划的要求。对幼儿园来说，这是一项系统的观察方法，配备有完善的观察和评估表格。

观察表可以全面体现3岁半到6岁儿童的能力和兴趣方面的特征。通过11个不同发展和学习领域以及158个具体的问题，展示儿童的强项和弱势。表格的具体内容可以在电子资源中获取（见电子资源表九）。

KOMPIK将儿童个体看作研究的中心。它不仅仅研究"有问题"的儿童，而是研究所有的儿童，KOMPIK能够展现发展的平均水平和积极的发展状态。因此所有的儿童都有权获得适当的建议，并且充分发挥自己的潜能。

该项观察可以融入幼儿园的日常教育活动中去。KOMPIK关注的是儿童的动机、个人条件以及社会关系。该方法可以让我们对儿童能力、兴趣、关系以及幸福感产生系统认知。结合随机观察的结果，教师可以给孩子提供个性化的陪伴和支持。

KOMPIK是一个发展陪伴型和优势导向型的观察方法，主要观察儿童以下几个层面的发展领域：运动能力、社交能力、情感能力、行动力、语言和早期读写能力、数学能力、自然科学的能力和兴趣、音乐的能力和兴趣、创作的能力和兴趣、健康相关能力、幸福感和社会关系。

实践方法

教师要在一个特定的时间段内对儿童进行准确的观察，并且根据观察到的能力和兴趣，利用一个有5个分数等级的表格对他们进行评估。教师可以把评估的结果直接写入KOMPIK软件中，也可以填入纸质的表格中。评估的内容既有量化问题也有质性问题。量化问题如："儿童的这种行为多久出现一次？"质性问题有："儿童通过哪种方式处理问题？"该项观察活动既可以全程由一名教师负责，也可以几名教师合作完成，每名教师负责相应领域的观察和评估。

为了得到准确的观察结果，观察者应该与被观察儿童至少认识6个月。在实施该方法时，观察者之间的相互沟通和交流可以帮助被观察儿童的各领域全貌呈现，并促进观察和评估儿童发展情况以及进一步设置教学计划。

实践案例

雅娜，4岁3个月。

雅娜与父母生活在一起，她有3个兄弟姐妹，她排行第二。她的父母都来自叙利亚，父亲在一个建筑公司工作，母亲则是家庭妇女。在家中，他们主要说德语。

3岁起雅娜开始进入幼儿园。

雅娜很友善，爱笑。如果其他孩子不愿意跟她玩，她也不会灰心，而是继续寻找其他的交流机会。她只喜欢做那些自己主动想做的事情，她喜欢发出指令。尽管她想与其他孩子玩耍，但有时较难适应和融入团体。三岁半的时候她就能够写自己的名字了，她非常喜欢写字。

在观察和评估表格中，我们用1到5来确定雅娜的特殊兴趣，并断定她目前对以下活动有兴趣：在花园中荡秋千，在工作室写字、涂画，在游戏室玩小游戏，在活动室参加各种运动。

从中我们得出了对雅娜日常教育活动设置的建议，以支持她的兴趣，同样也促进了雅娜在社会能力方面的持续发展。另一方面，通过这种方法，我们能够找到雅娜和其他孩子共同感兴趣的游戏和运动主题，以促进他们的交流，增进他们的感情。

对该方法的整体评价

KOMPIK是一个实践性很强的方法。它能够很好地融入幼儿园的日常教育活动中去，并且适合在幼儿园中与幼儿园的日常教案结合共同应用。KOMPIK既可以以纸质的形式进行评估记录，也可以用电脑版软件进行操作。

值得推荐的是，在进行KOMPIK方法的时候，可以辅以其他的观察方法，比如"教育和学习故事"或者"记录手册"。这样能够得到更全面和更个性化的儿童形象。

同时我们也能够看到KOMPIK的局限性，尽管通过这种方法，我们能够识别出儿童与其年龄不符的发展状况，但是该方法仍然不适合确定或诊断儿童现有的发育延迟或障碍。

三、聚焦儿童"教育与学习"的观察和评估方法

1. 儿童早期教育进程的观察与记录

汉斯·鲁道夫·雷欧（Leu, H. R.）2007

概况

目标群体：

该方法适用于对儿童个体和幼儿园班级整体的观察，没有年龄限制。

工作目标：

该方法的目的是结合儿童的实际，理解和收集他们个性化的学习进程和学习策略，以

对他们的学习进程进行有针对性的陪伴和支持。

实施时长：

一个经过训练的观察者需要两到两个半小时，对每名儿童进行观察、记录和评估工作。

设置：

需要在具体的教育和学习环境观察儿童。教师可以对外部环境进行观察，也可以创造一个适当的环境。教师参与到环境中来，进行参与性的观察，是了解儿童学习历史的重要基础。

特征：

这项针对教育和学习故事的观察方法是基于玛格丽特·卡尔的"学习故事"理论制定的。2001年她在新西兰儿童早期教育的框架下提出了这一理论。"学习故事"是新西兰幼儿园的核心评估程序，是早期教育领域重要的教育记录方法。2004年到2007年期间，德国青少年研究中心将"教育和学习故事"引入德国，并且编制成了适应德国整体早期教育情况的方法。

参与者在日常教育活动中对于儿童个性化学习进程意义的敏感性，是实施这一方法的基础。通过学习过程，儿童结合环境掌握了学习技巧。

实践方法

实施这一方法的核心是制定学习计划，卡尔的理论将其作为教育和学习进程的基础。可以在儿童与其他儿童、儿童与周围环境的交互中观察和分析以下方面内容。

- 兴趣

儿童对某项事物或者某个人表现出兴趣，愿意接近并且主动与之交往。在这一过程中他可以获得知识和能力。

- 参与度

儿童在长时间做某件事时，表现出很强的参与愿望。借此能够对事物进行识别。

- 遇到挑战或困难时的稳定性

儿童有能力，在遇到困难和挑战时将这件事坚持续下去。这样儿童能够获得解决问题的技巧，并且能够从错误中得到收获。儿童可以找到解决问题的方法，还能从中了解到：不放弃是值得的。

- 自我表达

儿童能够与他人交流，能够将自己的感受、愿望和意见表达出来，并且与其他人沟通。

- 参与学习共同体，承担责任

儿童愿意接受其他人的观点，并且给予关注。他们能够区分正确和错误，能够做出选择并且说出原因，能够对此负责。

这些方面的内容只能通过儿童在具体环境中的具体行为来观察。通过这些内容，儿童能够将自己的动机和能力表达出来，以应对新的环境并且参与到环境的创造中去。这是教育和学习进程的基础，同样也是终身学习的前提。

该观察方法属于资源导向型，目的是理解孩子们的行为并且确认他们个性化的学习策略，观察的内容是儿童的日常活动。对于这些活动可以自由描述，没有提前设定好的准则。教师在对儿童的学习行为进行分析时可以将前期的观察内容进行细致梳理。

该方法含有一个观察表格，通过这个表格，教师可以与同事交流儿童的学习进程和学习故事。关于儿童学习故事的相关记录，需要教师和孩子们商讨后得出，在某些情况下还需要借助记录手册。

观察表格不但详细描述了观察到的情景，还包含对观察结果的分析以及对特定的学习和发展领域的关注。

教师与同事讨论后得到的关于儿童学习进程的评估内容要记录在专门的交流表格上面，这样可以更好地为儿童制定个性化的教学措施。

该项观察方法的实施对于幼儿园整体的教育工作和教学大纲的设置有很重要的影响。老师们不会太多地干预孩子的行为，而是观察和分析他们，并通过团队中的交流去评估孩子在学习的过程中所需要的条件。这可以督促教师在幼儿园日常教育活动中适时做出改变，如改变时间安排，改变空间设置，改变材料供给等。同时还能够加强对自身工作的反思和反馈，进而推动教育水平再上新台阶。

教育团队需要加强沟通和交流，以便于把单项观察的内容结合在一起，这样可以使得观察更加全面、更加客观。

通过观察活动所得出的儿童"学习故事"是直接针对儿童的，并且教师要与儿童进行商讨，儿童要完全理解其中的内容。所以教师在使用该方法时要充分考虑到"让儿童理解"这个先决条件，并且内容的设置要充分结合儿童的发展水平。

儿童的学习活动应当被充分认可，在设置观察活动时，要强调儿童的优势和兴趣。在制定相应措施的过程中，我们必须意识到，这与儿童密不可分，因此应当邀请他们共同参与制定。

这个观察方法也可以以班级和小组的形式进行，比如小组共同完成某个项目或者开展一次集体郊游等。

实践案例

乔纳斯，四岁半，多位老师正观察他如何在室外活动区开展活动：他如何在树干上找平衡，如何爬上岩石，如何荡秋千等。

下面是对于他在荡秋千时候的观察记录：

乔纳斯坐在秋千上，两手抓着绳子，快速地来回摆动双腿。秋千稍微摆动了几下，然后停止了。乔纳斯跳下来，靠在秋千上，向后摆动秋千然后坐上去来回晃动，他边笑边晃腿，很快秋千再次停止了。乔纳斯坐在上面看着一旁的老师玛丽，玛丽正在他旁边的秋千上荡秋千。他又快速地摆动双腿，但是秋千还是很快就停止了。他再次跳下来，拿起秋千的坐板向后跑，然后快速地跳上去，这时候秋千开始前后摆动。他在荡秋千的时候一直观察着旁边的玛丽，并且模仿着她的动作。他开始随着秋千的移动缓慢但是有力地摆动双腿。他笑着说："玛丽你看，我也会了。"玛丽说："很棒，你必须在秋千向前的时候，腿也一起向前，秋千向后的时候，腿也一并往后。"乔纳斯又观察了玛丽一会，然后学着摆动双腿，秋千也随之晃动。他很开心："你看，我终于学会荡秋千了。"

评估：

- 兴趣

乔纳斯想荡秋千。

- 参与度

他正享受着乐趣，一直重复他的动作，身体上积极参与，不断深入，并且展示出了毅力。

- 在遇到挑战和困难时的稳定性

尽管一直出错，但是他没有放弃也没有灰心，并且尝试了多种不同的方法，主动从老师那里寻求帮助，非常顽强。

- 自我表达

他对自己的成功感到很高兴，与老师分享喜悦并且大声地喊了出来，将自己对成功的喜悦传递了出去。

- 参加学习共同体，承担责任

当玛丽也在荡秋千的时候，他观察玛丽并且试图模仿她的动作，他采纳了玛丽的意见并接受了她的帮助，最终尝试成功。

观察焦点：

乔纳斯在积累身体运动方面的经验。他通过荡秋千，训练了自己的前庭感知，他的运动技巧和策略也得到了发展，并且学会了独立荡秋千。他能够追求自己的兴趣并且在自己所在的空间找到合适的机会。

同事间关于儿童学习的交流：

通过将不同角度的观察结合起来，我们可以很清楚地看到，乔纳斯目前正在寻找并且尝试多种可能性，训练自己的前庭感知和运动感知，拓展自己在这一领域中的能力。并且快速地获得成功。他在一开始的时候会将注意力集中在自己身上，尝试独自完成活动，当他成功之后，他会与他人分享成功的消息并且和他们一起游戏。他对自己的活动很感兴趣，坚定地追求自己想实现的目标。

下一步的建议：

在室外活动区还有很多其他的材料比如木板、石头、绳索和陀螺，这些都可以用作身体感知的训练器材。通过这些器材，乔纳斯可以制定自己的运动方案，按照自己的意愿去拓展运动能力。

乔纳斯的学习故事：

亲爱的乔纳斯：

我今天在院子里观察到，你是怎样学会荡秋千的。

你还记得你一开始的时候是如何坐在秋千上面，尽管知道要前后摆动双腿，却无法摇动秋千的样子吗？你很努力，但是一直没有成功。然后你想出了一个主意，把秋千推到后面荡起来之后再坐上去。秋千终于荡起来了，你也很高兴，但是很遗憾，秋千很快

又停了下来。我看到了你在认真思考,应该怎样做才能成功地荡秋千。你在看玛丽,她正在你旁边荡秋千,你看到她的腿前后运动,然后你也模仿着尝试了一下。可惜秋千又很快就停了。但是你没有气馁,并且继续尝试。你又尝试了将秋千推起来然后坐上去。我能看到,你在很仔细地观察玛丽,你按照她的方法继续尝试,最后终于成功了。你很高兴,玛丽也替你高兴,并且给你演示,究竟怎样才能正确地活动双腿。我能看到你非常地高兴,并且为自己骄傲。你告诉所有人,你现在学会荡秋千了。我也由衷地为你感到高兴。

我相信,你对于平衡感活动、攀爬、荡秋千有着很浓厚的兴趣。你可以勇敢地尝试一切,并且思考怎样能够完成。你没有放弃,你一定会成功。

对该方法的整体评价

这个方法的观察过程是资源导向型的,并为孩子们的个性化学习过程提供了支持。在发展过程中,每个孩子都会得到全面的观察和支持,而不会受到制度约束或其他孩子的影响。这是非常积极的一面。

老师们从中能够全面了解儿童学习进程和个性化发展。教师团队可以定期交流每个孩子的情况,以充分保障评估的专业性和观察结果的客观性。

该项观察是教育活动的基础,是幼儿园中教学方案设置的重要组成部分。

通过这些对儿童行为特殊视角的观察,我们可以更加清晰地了解孩子的学习进程。

该项方法的应用首先建立在对儿童教育和学习进程充分了解的基础之上,其次还应该对教育工作进行批判性的反馈。在实施之前,团队应该共同进行相应的培训,因为这项观察的具体方法非常复杂,需要老师们对教育工作进行认真的思考和充分的了解。这只有在整个团队共同参与的情况下才能够完成,否则会产生观点上的分歧。

在观察活动结束之后,教师可以与儿童就观察内容进行对话,并且和他们共同分析这个情景。借此我们能够了解儿童的想法,并且为下一步的工作打好基础。他们也能够通过交流了解自己的参与情况,并且尊重自己的成绩。

除此之外该项观察还是和家长对话的基础。

该方法的应用对时间和人力都有很高的要求,并且需要提前做好组织和规划。但是如果能够把该方法融入相应的整体方案中,那它就能够变成日常教育工作的重要组成部分。这样一来,这种方法的实施就不会占用太多额外的精力,而是一种重要的教学辅助手段。

2. 儿童教育进程的观察表

贝阿特·安迪斯，汉斯·拉文(Andres, B., Laewen, H.) 2007[1]

概况

目标群体：

该方法适用于幼儿园中各个年龄段的儿童。

工作目标：

在多角度观察的基础上聚焦儿童的个别化教育主题，并提出有针对性的教育措施。

实施时长：

每个孩子的观察过程是5—10分钟，但是过后的处理时间要略长一些。

设置：

开放地观察儿童在日常具体的教育和学习情景。

特征：

这一方法的核心就是关注儿童教育进程中的多种主题。关注儿童的教育主题有两方面的意义：一方面是发现儿童对不同的教育活动的兴趣；另一方面，教师能通过儿童对于不同教育主题的表现和行为，理解儿童目前所处的教育进程。这项观察可以作为儿童个性化发展的基础。教师团队也要充分沟通，明确促进儿童发展的活动和措施，进而为儿童健康发展提供坚实保障。

实践方法

在日常场景中进行对儿童开放的观察，观察活动按照以下问题开展：

"发生了什么？"

"儿童在做什么？"

---

[1] 该方法原名为 Themen der Kinder erkennen-Beobachtungsbogen zur Unterstutzung von Bildungsprozessen. Jena: Verlag des Netz.

"儿童说了什么？"

将这些通过书面形式记录下来。

老师们要准确记录儿童接触环境时的情感反应，并且在这一过程中老师们要注意避免让自己的行为模式影响互动。然后就可以提出下一方面的关键问题。

"如果我是这个孩子，这个情景对我有什么意义？"

"从我的角度来看，孩子们的感觉如何？"

接下来，要对儿童在观察环境中的参与度进行评估。

观察的结果将被拿到幼儿园团队中进行专业的讨论。在此给出观察表中的关键问题：

"从观察中我们得到了哪些直观的结论？"

"从观察中我们得到了哪些专业的结论？"

"我们如何解释每个孩子的所作所为？"

从中我们得到了后续教育工作的结论和目标。

除此之外，我们还可以根据加德纳（Gardner, 2001）提出的"7种智能"来对开放性观察进行分析，并且将结果用作继续观察。7种智能包括：言语智能、数理-逻辑智能、身体运动智能、音乐智能、人际交往智能、实践智能、科学智能。

用一些社交活动来展示孩子们之间的友情，也是拓展观察的好方法。

除此之外，记录儿童的特殊兴趣、相关的评论照片和作品，都是对观察内容的有效补充。

实践案例

安娜，3岁9个月，是一个非常害羞的孩子，她总是自己一个人待着，一个人玩耍。到目前为止，她还没有与其他小朋友建立固定的友谊。在班级中，她常常躲在一个"洞"里，并且不希望其他孩子过来跟她一起玩耍。在"洞"的旁边有一个小房子，还有一片搭积木的区域。

安娜从她的洞里出来，来到搭建区域取了积木，然后她迅速回到了自己的洞中。过了一会儿她又来到了搭建区域想继续拿积木，这时候本在这里玩耍。本向她打了招呼，安娜停住了，看着本在用小凳子搭一个高塔，然后也跟本打了招呼，随后很快又回到了自己的区域。

不一会她又来到搭建区域，她在观察本如何搭建。本问她，想不想一起玩，安娜点头。本给了她一个小凳子，安娜看了一会，然后思考了一下，将小凳子叠放在塔上，开心地笑着鼓掌。这时提姆来了，也想一起玩耍，然后安娜又回到了她的洞中。

教师的反应：

- 为她小心地和本接触感到高兴；

- 为本注意到安娜并且邀请她一起玩耍感到高兴；
- 为这个情景被破坏然后安娜又回去感到失望。

观点角度：
- 离开自己安全的、有限的环境是一种突破；
- 与本的第一次接触和本的邀请是成功的；
- 对安娜来说，当有更多的孩子加入情景中后退出是一个挑战。

专业反馈的出发点：
- 安娜如何与其他孩子沟通？
- 安娜具备哪些资源，可以与其他孩子沟通并且建立友情？
- 如何拓展游戏材料，可以让安娜有兴趣和其他孩子接触并且一起玩耍？

对该方法的整体评价

该方法的实施和对观察内容的专业分析有助于我们用优势导向型的视角来对待儿童的行为和教育发展进程。在实施该方法时，设置一个资源导向型的整体教学方案，并将儿童作为教育发展进程中的主体，是一个非常重要的基础和前提。

该方法在实施过程中需要注意的问题与前一方法基本一致。实施前的团队培训以及观察活动结束后与儿童的对话是非常重要的两项任务。此外，该方法同样也是和家长对话的基础。

3. 认知树[1]

拉瑟·贝尔格，马里亚纳·贝尔格
（Berger, L., Berger, M.）2016

概况

目标群体：
1—16岁的儿童和青少年。

工作目标：
观察的目的是促进儿童和青少年的社会、情感、语言、运动以及智力等方面的发展。观察结果作为制定教育活动计划和发展规划的参考。

实施时长：
因为这是一个长期在日常教育过程中应用的观察手段，所以对于实施时长没有明确的要求。

设置：
在日常环境中持续地观察儿童。

特征：
这种方法起源于瑞典。自1998年起，该方法就在瑞典被作为实施学前和小学阶段教育计划的基础。2003年，贝尔格将这一方法引进到德国，并且以"认知树"的名字推广开来。从那以后，这种方法便开始在越来越多的德国幼儿园和学校中应用。

在这种方法中，儿童整体的发展情况和个性化特点是研究的核心内容。儿童遵照自己的理解速度来实现自我发展和对世界的认知。

实践方法

认知树由树根、树干和树冠三部分组成。树根主要是体现早期儿童的基础教育和发展。这一部分在观察中被分为五个人格领域：
- 社会发展
- 情感发展

---

[1] 该方法原名为 Baum der Erkenntnis Knuskapens Trad. Nurnberg: Eigenverlag.

- 智力发展
- 运动发展
- 语言发展

树干的部分呈现的是在幼儿园中要达到的学习和发展目标，不同的枝干代表不同的学科。每个孩子都可以根据自己的需求和兴趣，按自己的速度攀爬自己的树。在有些领域可能他们已经爬到了顶端，但是其他领域却相对欠缺。

这一方法展示了学前教育和学校教育的同等价值。只有在根部得到很好的营养和护理之后，树木才能茁壮地生长。儿童的上述五个教育领域都是同等重要的，并且已经在学前领域通过相应的教育方案得到了有效促进。在这一过程中，环境的构建以及框架条件的搭建是非常重要的，这有利于促进游戏和教学活动的开展。教师应该首先创造一个良好的环境，在这个环境中让教育活动的基础价值更好地体现出来。基础价值主要包括以下几点：

民主——所有人同样重要。

平等——性别间的平等。

团结——团结弱小。

安全感——人的生命和尊严不可侵犯。

责任——每个人的主权和自由。

通过这种方法，可以让每个孩子相应的兴趣和能力都得到发展。针对不同的孩子要制定不同的、个性化的发展计划。根据这种方法进行的观察活动是记录和反馈儿童发展的一种手段，也是进行发展对话的基础。

同时，这种方法通过幼儿园和小学的紧密合作，对于儿童在不同教育机构之间的过渡起到很重要的辅助作用，同时对这一阶段的家长和老师也很有帮助。

认知树实际上是一本针对每个孩子实际发展情况而绘制的手册。每两页都会展示出一个完整的树状图。这个树能够展示出儿童目前的发展状况。首先，观察团队要共同讨论观察的内容以及被观察儿童的初步印象，儿童已经具备的能力要提前在树上的表格中记录下来。

儿童根据自己不同的发展情况，可以不同程度地参与到这项观察活动的记录工作中。如此一来，他们就能够在观察早期便得到自我个性化发展的反馈意见。

实践案例

汤姆是个4岁的男孩，他喜欢在接近自然的户外场地玩耍。老师们对他进行了多个方面的观察，并且将观察结果在团队中进行了集体讨论。他喜欢攀爬和平衡活动，他会爬上小山然后让自己滚下来。

此外,他很乐意帮助比他小的孩子们攀爬、找平衡和荡秋千。他非常有耐心并且能跟他们很好地相处。

他对院子里的动物和植物都很感兴趣。他喜欢持续地观察昆虫的巢和植物。他会问,这是什么昆虫,这是什么植物,然后对每一个生物都感兴趣。他参与了对他的观察活动,并且学到了很多新的词汇。

对汤姆的观察活动可以被填入认知树的根部。在运动、社会、智力以及语言发展的人格领域中,可以进行相应的标注。

对该方法的整体评价

这种方法是一种优势导向型的方法,用于儿童发展的观察和记录。每个孩子的个性化发展过程都会得到相应的感知、评估和促进。在这里没有固定的发展模式,也没有与同龄儿童的对比。这种方法只是为了得到一个儿童发展的全貌,这样就能够为他们设计个性化的发展计划。

记录该项观察的形式也很简单,所以在实践中比较容易实施。

幼儿园和学校之间的紧密合作对这种方法的应用很有帮助,它让幼小衔接变得简单很多。此外，幼儿园的老师和小学老师都要有对儿童发展的整体认知，这是一个重要的前提。如果这种方法在小学里能够继续被实施的话，那将会有助于儿童的终身学习和自我反馈。

该方法的实施和对观察结果的专业分析，使得我们能够获得儿童行为以及教育和发展过程的优势导向型观点。对此，一个优势导向型整体方案的实施是一个重要的前提，这个方案要尽可能地开放，并且要把儿童作为发展和教育的主体。

"认知树"是教育工作的重要基础，也是幼儿园整体教学方案设计的重要组成部分。这种方法得以实践的前提是教育工作者要对儿童教育和学习进程有自己独立的思考和理解，并且能够对教育工作提出批判性的反馈意见。

在该方法实施之前，整个团队都应该进行相应的训练，因为这种方法非常复杂，并且在教育活动中，换位思考也分外重要。作为团队的成员，彼此之间都要保持充分的信任，否则在工作过程中容易产生一定的冲突。

教育团队与被观察儿童的定期沟通可以促进观察的专业化和客观性。

观察活动结束后，教师可以与被观察儿童交流对话，共同分析他们的发展过程。这样儿童能够学会对他们的学习成果进行自我反馈。

该项观察还是与父母对话的一个重要基础。

这种方法的实施对于时间和人力都有较高的要求，并且需要很好的计划和组织实施。如果这种方法能够融入幼儿园的整体教学方案中，那它就是教育活动的重要组成部分，对于幼儿园的后续教育工作有重要的导向作用。从这个意义上讲，实施该项方法不仅不会是教学活动的额外压力，恰恰相反，这是教学活动有序进行的一个必要基础。

4. 儿童日常教育互动视频回顾法[1]

玛丽亚·阿特斯（Aarts, M.）2009

概况

目标群体：

老师、家长、儿童。

1　译者注：该方法曾以"Marte Meo Handbuch"为题出版。

工作目标：

有计划地设置老师和儿童的交流活动，通过交流过程推进儿童发展。

实施时长：

每个儿童大约30—60分钟，用以对儿童的日常生活影像进行回看和分析。

设置：

对日常中的互动场景进行录像。

特征：

该视频回顾法又被称为"马特梅奥视频回顾法"（以下简称"马特梅奥法"），意味着所有的成功都来自自己的力量。当儿童能够通过自己的力量完成某事的时候，他们会很骄傲并且愿意与家长和老师分享自己的成功。儿童在学习一些新事物的时候需要成年人的帮助。在多年的实践中，玛丽亚·阿特斯认识到，当儿童自然的互动能力受到阻碍时，他们就会需要成年人的帮助。而如果在这一过程中儿童的互动需求没有得到满足的话，他们通常会表现出恼怒和其他的异常，由此可能会形成负面的互动循环。这也会对幼儿园的日常教学活动产生影响，并且会向家庭转移。

在幼儿园中，面对有行为异常的儿童，教师如果采取尊重的、传统的、促进发展的互动方式，往往不会取得成功。所以我们提出了一个问题，怎样才能促进这种状况下的教学活动？马特梅奥法便应运而生。

马特梅奥法在本质上来说是一种资源导向型的方法，可以用来促进人与人之间的交流和发展。这一方案是由荷兰人玛丽亚·阿特斯在20世纪80年代论证指出的，并且从那以后得到了持续发展。马特梅奥法也能够帮助家长和儿童的其他抚养者，激发和改进他们与儿童交往时的能力。

在与儿童进行互动过程中，成年人也应当得到相应的支持和鼓励，这样他们才能够利用各种可能性去更好地陪伴儿童，促进儿童发展。所以在这个方法中，我们关注的不是儿童的问题和缺陷，而是他们在日常情景表现出来的、能够促进发展的各种潜能和可能性。为此，我们对玛丽亚·阿特斯的促进发展互动理论进行了分析，将其命名为"马特梅奥法"，并从发展心理学的层面上描述了它们之间的相互依赖性。马特梅奥法的培训有助于教育者改变传统的眼光,拓展自己的视野,深入挖掘促进儿童发展和教育事业进步的更多机会。

实践方法

在实验中,很多日常场景比如吃饭就餐都被摄像机记录下来。通过分析这些日常场景,老师们会发现儿童不同的优势和特点。在每个不同的教育场景中,老师们都能收集到促进儿童发展的信息,并且将这些信息反馈回儿童的日常生活。

第一步:哪些内容在此刻要被观察?

根据视频中儿童所表现出的强项,确定下一步要学习的侧重点和改进方向。

第二步:儿童还应该学习哪些内容?

提出相应的促进措施。

第三步:老师们应该如何获得帮助?

讨论后续观察活动的方法和内容。

第四步:观察者和马特梅奥法的专家共同计划未来如何促进和支持儿童的发展。

通过这种方式,老师们可以得出关于促进儿童进一步发展或者改善其行为的意见、建议,来有效满足广大儿童,特别是有特殊困难的儿童的需求。想要成功开展这项实验,整个教育团队的参与很重要。通过马特梅奥团队培训,根据实验中的教学视频和幼儿园日常观察的视频合集,老师们可以获得促进和支持儿童发展的相关信息。同时,通过这种教学方法,老师们的工作思路也得到了开拓,教育视野更为宽广,也更具个性化。

实践案例

我们选出了一些"马特梅奥法"的元素,并且去阐释它们对发展的促进意义。

马特梅奥法包括:设置安全的环境、遵循儿童主动性、活动命名、情感确认和命名、设置集体环境、促进社会意识、积极的领导。

以下我们以其中某几点为例。

① 实例"活动命名"。

所谓"活动命名"就是老师在一旁以肯定或赞赏的态度复述儿童的活动。

一名老师和亨里克一起坐在地毯上,专心地玩积木游戏。她看到亨里克在动作方面具有自发的主动性,并以友好的语气和表情来命名自己的动作。她看到亨里克将一个积木放在另一个积木上面。这时,她对他说:"你把一个积木放在了另一个上面。"她观察到,亨里克继续往上搭积木,然后说:"你又把另一个积木放上去了。"

通过"马特梅奥法"中的"活动命名"的元素,教师促进了儿童以下方面的能力:

联系、依恋和关系;

对自己行为主动性的信任;

建立一个良好的自我认知;

自我监管和自我调节;

加强注意力;

增加词汇量;

游戏策略得到发展,并且有将这些策略告诉他人的能力;

游戏流程。

② 实例"设置集体环境"。

老师正与孩子们一起准备早餐。老师们仔细观察四周,注意孩子们的主动性和冲动行为。与其用"禁止""不要这样做"等字眼去阻止孩子们做出不正确的行为,不如以积极的方式进行指导,促进他们在环境中做出适当的行为。

本放了一个盘子在桌面上,格丽塔拿了几个杯子。老师向孩子们引导应该如何做:"大家看,本已经把盘子放在桌子上了,格丽塔拿出了杯子。啊,这边苏珊已经开始倒茶了,格丽塔帮苏珊准备好更多的杯子来倒茶,大家做得真棒!"

通过突出儿童积极的、正确的行为,可以为孩子们营造良好、轻松、舒适的团队氛围。这样也使得孩子彼此之间有了更多的尊重,并且削弱了不当的竞争行为。

③ 实例"促进社会意识"。

一名老师发现,亨里克正在看丽萨建造一个塔。她强调了他们两人的活动:"啊,丽萨用石头建了一个塔。"然后又说:"亨里克在认真地观察丽萨是怎样建的。"她注意到丽萨说,自己只有蓝色积木。于是,她把丽萨搭好的作品举起来,以便于所有孩子都能够看到,让所有孩子都参与进来。她告诉孩子们:"大家看,丽萨的塔只使用了一种颜色的积木。"

老师发现,雅斯曼很震惊地看着丽萨的作品,然后她将雅斯曼的情感变化也告诉了整个小组的孩子们:"雅斯曼觉得很惊讶,大家看丽萨搭建得多么好啊。"

她看到,莱娜随后把红色的石头收集起来,并且开始搭建。老师向整个组展示了莱娜的活动:"啊,莱娜现在开始只用红色的石头搭建了。"然后她察觉到,莱娜和丽萨相视一笑。两人把这种友好传递给了小组的全体成员,向大家表示:我们都很开心。

教师能够通过强调儿童的主动性、游戏策略以及情感状态等来改善小组的气氛,并且能够促进孩子们的社会意识。这样,那些原本在小组中默默无闻的孩子,也有机会得到夸赞,在同伴心中获得声誉。因此,一个孩子的游戏思路可能会成为该小组的中心主题。教师通过描述出孩子们的感受，切实促进孩子们同理心的发展（Gizycki，2018）。

对该方法的整体评价

马特梅奥视频回顾法是一种资源导向型的方法，对于促进发展、改善人际交往和互动有着非常重要的意义。马特梅奥法是一种实用、具体并且日常化的方法，能够灵活地融入日常工作领域。儿童、家长、老师以及整个教育团队，都能够从马特梅奥法中的视频资料和后续评估中得到促进发展的信息。这样，整个幼儿园的教育体系无论是从团队质量发展方面还是教师的专业能力方面，都能朝着很好的方向持续发展。而且，这对于促进与家长的沟通也有着积极的作用。教师不会过多关注孩子的不足之处，而是可以向其父母展示选定了的视频片段。这些视频能够反映出孩子已经具备的能力，也可以体现孩子需要提高的方面。

值得注意的一点是，想要正确、高效地使用马特梅奥法，不仅需要每名教师接受训练，整个教育团队都应当有意识地强化培训。该方法得以成功运作的物质前提是需要一台功能良好的摄像机。老师们在应用之前，需要花费一些时间掌握摄像机的使用方法。此外，老师们还需要秉持一种资源导向型和尊重的态度，这也是成功实施该方法的一项重要基础。

教育团队的培训最好是在幼儿园中开展，这样就可以提前保证实验方案的筹备条件与孩子及家长的需求基本一致。此外，培训还有助于使教育者们具备开展试验所必备的理论基础。如果不能保证所有的老师都能掌握足够的知识储备，那么至少需要一名训练有素的马特梅奥法专家在园中进行系统指导，以确保该方法正确地实施和使用。

四、聚焦幼儿教师"自我观察和反馈"的方法

1. 日常互动活动观察法

多尔特·威特岑（Dorte Weltzien）等 2018[1]

概况

目标群体：
　　幼儿教师。

工作目标：
- 教师能够有意识地感知到自己的互动行为，并且推动教育工作进一步发展。

1　本方法原名为 GInA-Gestaltung von Interaktionsgelegenheiten im Alltag, Dorte Weltzien, Anne Huber-Kebbe, Christina Bücklein.

- 促进教师和儿童之间系统的互动。
- 拓展教师自我观察和自我反馈的能力。
- 强化教师的动力,能够在繁杂的日常情况中挖掘与儿童互动的机会,并且设置一个专业的互动条件。

设置:

利用4—6分钟长度的小视频。通过3个标准来衡量互动:"关系建立""刺激思考和行动""说话和语言刺激"。

特征:

日常互动活动观察法(简写为GInA,以下简称GInA)是一种以视频为基础的观察和反馈方法,通过设置日常的互动活动进行自我观察起源于一个延续多年的实践项目,使用它可以对互动活动进行系统的分析,并在一个阶段的观察过程中,对教师和孩子之间互动所呈现出的典型特征进行理论分析。分析这一互动特点往往需要利用到发展和心理学等方面的理论知识。教师可以通过22种互动行为来观察和反思他们在幼儿园日常工作中的计划和成果之间的互动关系。这些特征来自3个领域:关系建立、刺激思考和行为、说话和语言刺激。

日常互动活动观察法(GInA)的特征		
方面1 建立关系	方面2 刺激思考和行为	方面3 说话和语言刺激
1 关怀体现 2 有兴趣,投入 3 表达尊重 4 安静 5 认真聆听 6 克服障碍 7 表达理解 8 建立远近平衡 9 邀请参与 10 认真 11 开放坦诚	1 建立共同的专注领域 2 提醒 3 生活范围连接 4 支持创新 5 承认自主性 6 坚定想法 7 促进研究	1 促进参与和合作 2 使用情感语言 3 扩展语言 4 刺激交流互动

日常互动活动观察法的特征

教师的核心任务是找到与所有儿童交流的切入点并与他们进行对话。互动质量往往取决于儿童的参与情况,用好这项方法的核心问题不是"谁表现出了很高的互动质量",而是"谁能在既定条件下表现出与互动相关的行为能力"。教师能够使用视频对日常生活中的场景进行系统的分析。这种方法不是对交流能力的训练，或是对儿童行为方式的规范，而是教师可以在与儿童互动的过程中强化对自己行为的认知并且进行反思。

借助GInA还可以重建教师与儿童成功互动的条件和因素，比如团体情感氛围、文化交流和班级的幸福感等。

实践方法

威特岑（Weltzien, 2016）为我们描写了日常互动的实例："欢迎和告别仪式，日常活动，进餐，游戏环境以及其他项目都能够为与孩子接触提供良好机会。儿童和老师相互交谈，互相注视，互相刺激，挑战自我。如果能够以敏锐的眼光、合适的方法来促进与儿童的互动，并充分着眼于儿童的需求，那么就很容易建立起支持儿童进步，促进儿童发展的良好师生关系。"[1]

实践案例

可以通过以下三个维度分析日常生活中4—6分钟的视频片段。

维度1

"关系建立"——在这个维度总结了11个特征，其中考虑了互动和对话的基本态度。

维度2

"刺激思考和行为"——在这个维度提到了7个特征，主要涉及教师怎样建立互动关系。

维度3

"说话和语言刺激"——在这个维度有4个特征，主要阐述教师如何将自己的理论知识和既往经验表达出来。

使用和评估：

首先在关掉声音的情况下分析视频内容，以便将注意力聚焦到所有的肢体动作。

打开声音进行分析。

填写临时表格，以便于最终的评估，在填写过程中可以多次观看视频片段。

在3个领域依次运用这个记录方法，然后评估相应的特征。

通过对录像内容的观察评估3个领域。

---

1 Weltzien, D. (2016): pädagogik: Die Gestaltung von Interaktionen in der Kita: Merkmale-Beobachtung-Reflexion. Weinheim: Beltz.

观察到的内容仅涉及视频中记录的内容。

"互动活动"指的是所有形式的语言和肢体互动。如果涉及口头语言，需要额外标注出来。

评估建议：

对每个特征都要进行双面的描述（积极和消极），并且用从1到4四个度来标记某个特征的符合情况。例如建立关系方面：有兴趣，投入（1，2，3，4）。

1代表低，2代表中等，3代表高，4代表极高。

在表格的后面可以对该项进行详细的书面论证。

对该方法的整体评价

这种对话导向型的教育实践更适合挖掘日常生活中个性化的对话机会。互动是日常教育活动中的重要主题，在团队中意义重大。教师需要花费一定的时间和精力来进行互动，教师团队也要为加强孩子的互动提供有力的支持。除了对话沟通以外，非语言类的表达，比如肢体语言，也是教师关注的焦点。教师要有意识地站在儿童的角度来审视互动情况。此外，教师团队也要有针对性地感知日常工作，并且有意识地进行反思、沟通，以促进教学工作发展。教师团队的一项重要任务就是找到互动教育中的成功因素和限制因素。

GInA方法使得在日常互动中一些隐藏的资源显露出来。在录制视频之前，应该对教师正确使用摄像机进行专业培训。除了数据保护外，还必须遵守自愿的原则。另外团队之间需要有坚实的信任基础，这样才能够进行开诚布公的讨论。迄今为止的实践经验表明，GInA是一种很好的观察方法，推动了每位教师和教育团队的进步和发展。这种基于视频的分析方法有助于实习教师的参与，可以让他们充分观摩，进行讨论和反思。此外，这种方法可以促进教学气氛的提升，形成彼此尊重的良好氛围。教师也能有更大的动力去开展互动，促进教学。

2. 教育手册创建法

弗特基斯（Wassilios E. Fthenakis）2009

概况

目标群体：

幼儿教师。

工作目标：

- 自我反馈：教师对儿童和家长的态度和行为进行反馈。
- 教育工作反馈：以便于更好地计划和实施未来的实践工作。
- 与同事进行团队合作交流。
- 支持与家长的合作。
- 教师的能力得到提高和进一步发展。

实施时长：

- 教育手册的制作是长期性、持续性的。
- 每周安排30分钟进行单独处理。
- 团队中每年要进行2—4次集体交流。
- 与同事之间安排多次"自由反馈时间"。

设置：

老师们在幼儿园日常工作中创建教育手册，进行日常记录，在团队会议中对记录内容进行讨论。

特征：

教育手册是老师们自己筛选出的资料集合，在教育手册的帮助下，他们可以对自己的教学工作和教学活动进行反思，促进教学工作进一步发展。教育手册由老师们自行创建，并利用它来支持和促进儿童的教育和学习进程。同时，通过对自身角色和工作开展情况的自我反思，来不断增强自己的专业技能和业务水平。教育手册可以帮助老师更好地了解孩子们的性格以及他们的行为，也可以改善和促进与父母的沟通交流。在日常实践中使用教育手册进行持续的记录和反思意义重大。经过团队的协商，并征求制作教育手册的老师的许可后，教育手册可以作为团队讨论、同事交流以及与家长合作的基础。使用教育手册的重要先决条件是，老师有足够的时间来处理和完善该手册，并且要把这部分时间计入整体的工作时间中去。

在教育手册中，下列内容是非常重要的：

- 教师个人的资料，如个人反馈资料、对教育目标和进程的描写、教育活动的计划等。
- 从他人（如同事、家长等）处得到的资料：如对话记录等。

- 实践中的记录：如照片、项目记录等。

实践方法

怎样使用教育手册进行工作？

教育手册的制作具有很强的个性化特点，其中的内容选择和资料使用都体现出制作者的主观性和个人风格。手册需要有一个清晰的结构，这样能够为开展教学工作提供导向性。此外，非常重要的一点是，选定的资料要标注清楚日期和相应的背景介绍。制作教育手册要追求记录、反馈和计划的平衡。除了源自日常教育工作中"自由"的记录（如项目记录、计划和教育活动）之外，手册中还应囊括各种反馈表格，促进教师加强对教育和发展陪伴的理解，强化与家长的沟通和合作。老师们要深入思考怎样制作教育手册才可以保障其持续使用、发挥作用。这种思考可以鼓励教师反思自己的角色，找准定位，明确教育手册的意义。教育手册能够帮助老师更好地理解儿童，理解他们的观点和行为。实现这一目标的前提是，要定期更新完善教育手册，并且在团队中达成一致，明确该手册可以作为反馈教育情况的手段。教育手册可以促进团队内部的对话，推动教育工作者共同思考和共同交流。它记录着教师对儿童发展的支持，对儿童的观察活动以及与父母的沟通合作。

教师手册中最重要的是要把反馈结果书面记录下来并且要注明日期。这样即便经过一段时间之后也能识别并且轻松理解更改的内容。

记录1

对专业自我理解的重要问题：

① 我有哪些教学基础和原则？

② 关于儿童发展我储备了哪些图片？关于儿童怎样学习，我都有怎样的了解？

③ 我的工作目标是什么？

④ 我对于不同教育领域的态度是怎样的？我自己的教育经历、个人喜好和得失会如何影响我？

⑤ 我在儿童面前的角色是什么样的？我该怎样面对他们？我要怎样描述我与儿童之间的关系？

⑥ 我在面对家长的时候角色是怎样的？

⑦ 我的教育理念和我的教师角色有何变化？未来我想改变什么？

记录2

对于教育和发展陪伴的重要问题：

① 我如何利用对孩子现有的了解，将他们的兴趣和生活环境联系起来？
② 我怎样把孩子的想法和他们的家庭联系起来？
③ 我怎样在日常活动中与儿童共同合作，设置学习和发展进程？
④ 我在教育活动中如何考虑儿童教育最重要的形式是游戏？
⑤ 我怎样将孩子的能力、优势、兴趣和学习途径纳入未来的教育过程？

记录3

对于日常观察的重要问题：

- 可能出现的导向型问题

① 我要看什么？
② 我要听什么？
③ 我通过身体意识有什么感觉？
④ 我感觉到了什么？

- 观察者角度的问题

① 我要观察个别孩子吗？
② 我要观察整组孩子吗？
③ 我观察的框架条件是怎样的？

- 观察的情况

① 儿童做了什么，说了什么？
② 儿童有哪些表情，哪些肢体语言？
③ 我对于所处的环境是否了解？

- 观察的情况对教师的影响

① 孩子的行为会激发我的哪些感觉？
② 我有没有去干预他们的活动？为什么？
③ 我是感兴趣，感到无聊、感动，还是觉得有距离？

- 可以得出的结论

① 如何阐述我所观察到的内容？
② 我发现孩子们有哪些动机、需求、技能或困难？
③ 通过观察我得出的儿童形象能否被认可，或者有所改变？

- 是否可能有其他解释

① 我能否改变视角？
② 我能否掌握孩子们的看法？

③ 我能否接受同事们的不同观点？

- 对于与家长合作的反馈

与家长的合作是制定教育手册的重要组成部分。有研究证实，与家长的合作对儿童的发展起到很重要的积极作用。原则上，教师与家长合作时应注意自己的角色定位、价值观和态度，其目的是：

① 意识到与家长合作过程中不同的角色定位、价值观和行为表现的重要意义。

② 了解价值观、能力、行为和外在环境之间的关系，并进行深刻反思，将其作为制作教育手册的重要资源。

在与家长合作时要有意识地处理好态度和情绪，以便使教师的教学技能得到更充分的发挥。

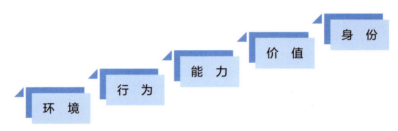

对于跟家长合作过程中的角色定位、价值观和态度进行反馈

记录4

关于角色、价值观和态度的重要问题：

① 身份。

身份的核心问题就是：谁。这里涉及的是一个人的自我描述，他的核心价值观和信念。能意识到自己作为幼儿教师的专业角色，并信任自己的信念和能力。

具体的问题表述有：

我有什么样的自我理解？我是谁？

② 价值观。

价值观主要是围绕着"为什么"这个主题。这部分内容主要涉及教育者下意识的态度，这些态度是日常行动的基础。阐明与家长合作的基本动机和目的十分重要。教师要确保与家长合作的透明度，并且有意识地注意自己的态度。要记录自己与家长合作的预期及实际效果。

具体的问题表述有：

我为什么要这样做？什么激励了我？

③ 能力。

这里涉及的是我们基于个人价值观所采取的行为方式，具备的普遍性的能力和策略技巧等。

具体问题表述有：

我怎样做我要做的事？

④ 行为。

这里指的是具体的行为和行为方式的总和。如：与家长进行互动的时候通过哪些具体的行为方式，使用什么特殊的技能等。

具体的问题表述有：

我有哪些特殊的能力？

我在具体的情景中如何表现？

我的语言、表情和手势如何？

⑤ 环境。

环境的核心内容就是"哪里"。这里主要涉及我们周围的一切外在环境：自然环境、其他人员或者噪声等。除此之外，还包括我们有意识去设计的框架条件等。

具体问题表述有：

我在哪里？我跟谁在这里？

我听到了什么？我看到了什么？我尝到了什么？我闻到了什么？我感受到了什么？

记录 5

环境	日期	
时间	参与者	
	现有资源	需改善的方面
资源		
行为		
能力		
价值		
身份		

对于自身行为观察的记录表格

填写方法：

① 首先填写外部环境状况（入园时间、外在环境等）。

② 然后描述态度及解决问题的方式。

③ 最后描述未来如何进行改善提升。

对该方法的整体评价

教育手册是学前教育工作领域中，用来进行工作反馈的一种开放性手段，它的使用结合了教师自身的情况和幼儿园整体工作情况。在德国，教育手册更多地应用在幼儿教师的实习培训当中，在真正的日常教学活动中使用得相对较少，对于它的作用目前也只有较少的研究。美国的研究表明，经过初期的探索阶段后，教育手册的应用是有助于教师职业发展的，如果基于不断反馈的基础来开展工作的话，那么工作中的目标会更容易实现。

利用教育手册进行工作需要一个充满信任的团队氛围，这样参与者能够开放并且放心地进行反馈工作。另一方面，这项工作也使得教师的团队氛围更加轻松。要想成功地使用教育手册这个工具，就必须提前规划好每名教师制作教育手册的时间和团队交流的时间。在这种合理的规划之下，老师们的积极性会有很大提高，因为教育手册的成功制作是大家有目共睹的。另外，通过成功解决困难和问题，能够提高老师们的自信心，增强自我预期。在这个过程中老师们还可以更好地去理解家长和家庭，帮助家长成为成功的教育合作伙伴。

3. 教师、儿童运动互动的观察和分析

莱尼·玛埃塔，弗兰克·哈奇（Lenny Maietta, Frank Hatch）2004[1]

概况

目标群体：
幼儿教师。

工作目标：
有意识地设置促进儿童健康和发展的运动互动，并且在游戏中为儿童提供充足保护。目标是教师能够在儿童的运动领域给予高质量的帮助。

实施时长：
根据不同情景和不同活动决定，没有固定时间要求。

设置：
在游戏场景中进行教师和儿童间的运动互动。

特征：
30年前弗兰克·哈奇博士就在美国加州大学研发出了这种运动感知方法。他希望儿童的抚养者能够在与儿童进行运动互动时，根据他们的需求敏锐地做出适当的行为反应。该方法的实施需要基于儿童的运动能力，即他们能够积极地进行有速度、有节奏的活动。

实施该方法的核心是有意识地设置促进儿童健康和发展的运动活动。教师能够通过触摸和运动与孩子进行接触，对孩子的动作做出反应并且给予他们相应的支持。实施该方案需要儿童最大限度地参与和合作，比如可以观察儿童吃东西、换衣服等活动。在这些活动中，教师可以给儿童提供最敏锐、最有效的帮助。实施该方法的一个重要基础是，教师要对自己的身体状况和运动能力有正确的认知。

实践方法

为了有效促进儿童运动技能的发展，教师必须适应儿童的运动方式，这就意味着教师

---

1 该方法原名为 Kinaesthecis Infant Handling-Beobachtung und Analyse der Fachkraft-Kind-Bewegungsinteraktion, Lenny Maietta/Frank Hatch.

需要放慢自己的节奏来配合、支持儿童的运动。这个过程需要教师与儿童之间进行一种巧妙的"合作",即充分适应儿童的运动风格。其实这对很多成年人而言有一定困难。因为成年人往往以自己的运动习惯为准。所以即便知道儿童的身体要小很多,但仍会按照惯性思维,依据自己的运动情况作出判断。如果发生这种情况,那么孩子们在交流过程中就无法展现出自己的实际运动状态。在这个方法中,我们可以逐渐探索出融合教师和儿童运动特点的活动,从而使得师生间的互动更加流畅、协调。这个方案针对教师和儿童之间的运动互动,观察的侧重点主要有以下几方面:儿童的运动质量和运动完整性,老师的运动质量和运动完整性,老师和儿童在动作和触觉上的相互协调。

观察的基础有:

① 功能性的解剖。

功能解剖的知识有助于更好地在身体的各个部位进行运动支撑,如头、胳膊、腿,但是对关节部位没有帮助。

② 人体运动。

人体运动模式通常是平行模式或螺旋模式。螺旋模式对孩子来说更好,因为他可以参与其中并感到更大的安全感,从而有助于获得更大的自我控制能力。

③ 发力。

每种形式的发力都可以追溯到两种形式:拉力和推力。教师要知道从哪里开始进行拉动或推动,使得运动更加轻松。

④ 人体运动功能。

为特定目的而进行的运动被称为人体运动功能。除了控制自己的身体之外,它还涉及保持局部动态位置。

⑤ 环境。

幼儿园中环境的设置应能够支持孩子们进行运动,并且应当符合他们的运动需求。

玛埃塔和哈奇为这个方法区分了3种不同的互动形式:

① 同时互动。这是运动学习的重要基础。儿童自出生以后都是在重力环境下进行运动的,而在出生前他们所处的环境都是失重的。为了学习这一点,成年人必须调整自己的动作,这样才能够与儿童的状态同步。

② 逐步互动。这里指的是一种运动过程,主要涉及来回交替的动作,如手臂来回运动。

③ 单方互动。这里指的是运动仅在师生中的一方进行。比如如果儿童主动要求自己穿衣服,这是儿童释放出的一种积极的信号。

在这种方法中没有标准化的观察表格,需要教师在实践中自己去制定。记录表上可以记录儿童的姓名、年龄、性别，观察者的姓名以及情景和活动设置等内容。此外，还有观察的内容及视频描述等记录。观察者可以根据互动状况将观察结果分为"适用"或"不适用"等类别。而其他的观察结论则需要观察者依据自己丰富的经验来进行综合判断。

对该方法的整体评价

这个方法为教师分析儿童运动能力提供了有益的指导。人体动力学、婴儿护理等方面的理论知识为设计该方法提供了很多有价值的建议。与其他方法相反，该方法侧重于儿童早期的运动学习。师生间的合作式护理方式及师生的良性互动有力地支持了儿童运动能力的发展。这种方法要求师生在互动过程中要有共同的认知，这样能够有效降低破坏师生关系的风险。就运动效果而言，该方法非常有效。但是在未来实际推广过程中，还应当进一步深入研究该方法在幼儿教育中的潜力和局限性。

参考文献

Aarts, M. (2016): Marte Meo Handbuch, Eindhoven: Aarts produktions.

Andres, B.; Laewen,H.J.(2002): Künstler, Forscher, Konstrukteure. Werkstattbuch zum Bildungsauftrag von Kindertageseinrichtungen. Düsseldorf: Cornelsen.

Andres, B.; Laewen, H.J. (2007): Themen der Kinder erkennen- Beobachtungsbogen zur Unterstützung von Bildungsprozessen. Jena: Verlag das Netz.

Beller, S. (2008): Erfahrungsangebote entwickeln mit Kuno Bellers Entwicklungstabelle. Berlin. Eigenverlag. http://www.beller-und-beller.de/Beller-Erfahrungsangebote-mit-Kuno-Bellers-Entwicklungstabelle-erarbeiten.pdf 2008.

Beller, S. (2016): Kuno Bellers Entwicklungstabelle 0–9. Berlin: Forschung und Fortbildung in der Kleinkindpädagogik.

Berger, L.; Berger, M. (2016): Baum der Erkenntnis Kunskapens Träd. Nürnberg: Eigenverlag.

Berner, W. (2006): Wahrnehmung: Das unsichere Fundament unseres Handelns. URL: https://www.umsetzungsberatung.de/psychologie/wahrnehmung.php (eingesehen am 02.08.2019, 20:00 Uhr MEZ).

Beudels, W. (2004): Ich fühle was, was du nicht hörst und das schmeckt rot- Wahrnehmung, Wahrnehmungsstörung, Wahrnehmungsförderung. In: Ludwig, H./Fischer, R. (Hrsg.): Eine Revolution der Erziehung?-Frühe Kindheit und Montessori-pädagogik. Reihe „Impulse der Reformbewegung". Münster: Lit-Verlag, 70–86.

Beudels, W. (2007): Bewegung, Spiel und Sport in der Förderung unruhiger und unaufmerksamer Kinder. Oder: „Muss Medizin immer bitter schmecken?". In: Haltung und Bewegung 27 (2), 16–22.

Beudels, W. (2010): Keine Lust auf Bewegung-Zwischen Normalität und Auffälligkeit. In: Kindergarten heute 10/2010, 26–32.

Beudels, W.; Herzog, S.; Haderlein, R. (2012): Beobachtung und Dokumentation: Theoretische Grundlagen und praktische Umsetzung. In: Beudels, W.; Herzog, S.; Haderlein, R.(Hrsg.). Handbuch Beobachtungsverfahren in Kindertageseinrichtungen. Dortmund: Borgmann media. S. 11–52.

Büttner G.; Dacheneder W.; Schneider W.; Weyer K. (2008): FEW–2 Frostig Entwicklungstest der visuellen Wahrnehmung 2–Manual, Hogrefe Verlag, Göttingen.

Caritasverband für die Diözese Trier (Hrsg.)(2006): Schau an! Eine Arbeitshilfe zur Beobachtung und Dokumentation in Kindertageseinrichtungen.

Eberle, U. (2012): Beller-Entwicklungstabelle. In: Beudels, Wolfgang/Haderlein, Ralf/Herzog, Sylvia (Hrsg.): Handbuch Beobachtungsverfahren in Kindertageseinrichtungen. Dortmund, S. 88–92.

Esch, K.; Krüger, T. (2011): Zusammenarbeit mit Eltern. Teil C: Rollen, Werte, Haltungen, S. 148–161. Weiterbildungsinitiative Frühpädagogischer Fachkräfte (WIFF). München: Deutsches Jugendinstitut e.V.

Ewald, K.; Merker, S. (2007): Das Kind vor mir und der Erwachsene in mir? IN: Lipp-peetz, Ch. (Hrsg.). praxis Beobachtung. Auf dem Weg zu individuellen Bildungs-und Erziehungsplänen. Berlin: Cornelsen.

Fröhlich-Gildhoff, K. (Hrsg.) (2014): Kompetenzentwicklung und Kompetenzerfassung in der Frühpädagogik, Band 13. Freiburg: FEL Verlag Forschung.

Fröhlich-Gildhoff, K. & Strohmer, J. (2011): Untersuchungen zum Stand von Beobachtung, Dokumentation und Diagnostik in Kindertageseinrichtungen. In: K. Fröhlich-Gildhoff, I. Nentwig-Gesemann & H.R. Leu. (Hrsg.). Forschung in der Früh Pädagogik IV. Schwer Punkt: Beobachten, Verstehen, Interpretieren, Diagnostizieren (S. 37–68). Freiburg: FEL Verlag Forschung.

Frostig, M. (2000): Frostigs Entwicklungstest der visuellen Wahrnehmung. Weinheim: Beltz.

Fthenakis, W.E. (2004): Bildungs-und Erziehungspläne für Kinder unter sechs Jahren-nationale und internationale Perpektiven. In: Faust, G.; Götz, M.; Hacker, H.; Ro β bach, H-G. (Hrsg.). Anschlussfähige Bildungprozesse im Elementar-und Primarbereich. Bad Heilbrunn: Klinkhardt. S. 9–26.

Fthenakis, W.E. (Hrsg.)(2009): pädagogisches portfolio. portfolios im Elementarbereich. Troisdorf: Bildungsverlag EINS.

Gomolla, M. (2013): Barrieren auflösen und Teilhabe gestalten: Ein normativer Reflexionsrahmen für eine heterogenitätsbewusste Organisationsentwicklung in (vor) schulischen Bildungseinrichtungen. In: Budde, J. (Hg.): Unscharfe Einsätze. (Re-)produktion von Heterogenität im schulischen Feld. Wiesbaden: Springer.

Gutknecht, D. (2011): Interaktionsorientierte Ansätze in der pädagogischen Arbeit mit Kindern unter drei Jahren. In: Miach, Ch.; Weltzien, D.; Fröhlich-Gildhoff; K. Grundlagen der Frühpädagogik: Beobachtungs-und Duiagnostikverfahren in der Frühpädagogik. Kronach: Carl Link Verlag.

Hanke, P. (2013): Den Übergang gemeinsam gestalten. Kooperation und Bildungsdokumentation im Übergang von Kindertageseinrichtung in die Grundschule. Münster: Waxmann Verlag.

Hebenstreit-Müller, S.; Kühnel, B. (Hrsg.) (2004): Kinderbeobachtung in Kitas. Erfahrungen und Methoden im ersten Early Excellence Center in Berlin. Berlin: Dohrmann.

Herzog, S. (2009): Auf die perspektive kommt es an-Entwicklung eines Konzeptes zum Einstieg in die Beobachtung und Dokumentation von Kindern U3 in Kindertageseinrichtungen. In: Herzog, S.; Ruf-Speidel, G.; Liebmann, E. (Hrsg.). Konzepte für Kindertageseinrichtungen-Kommunikation, personalauswahl, Beobachtung und Dokumentation. Kronach und Köln: Carl Link.

Herzog, S. (2010): Beobachtung und Dokumentation: Zentrale Aufgabe von pädagogischen Fachkräften in Tageseinrichtungen für Kinder. In: Beudels, W.; Kleinz, N.; Schönrade, S.(Hrsg.). Bildungsbuch Kindergarten. Erziehen, Bilden und Fördern im Elementarbereich. Dortmund: borgmann media. S. 175-186.

Humboldt, W. (1965): Bildung und Sprache. Paderborn: Schöningh.

Katja von Gizycki (2018): Marte Meo in Kindertagesstätten-eine alltagstaugliche Methode zur Entwicklungsunterstützung. Verfügbar unter http://www.kita-fachtexte.de (Zugriff am 20.11.2019) .

Kebbe, A.; Reemen, D. (2009): Bildungsdokumentation und konzeptionelle Entwicklung. In: Vietrnickel, S. (Hg.): Beobachtung und Erziehungspartnerschaft. Berlin/Düsseldorf: Cornelsen Verlag.

Kleinz, N.; Beudels, W. (2010): Erziehung, Bildung und Förderung von Kindern mit besonderen Förderbedürfnissen. In: Beudels, W. et al. (Hrsg.): Bildungsbuch Kindergarten. Bilden, Erziehen und Fördern im Elementarbereich. Dortmund: borgmann, 203-212.

Knauf, H. (2010): Pädagogik. In: Kinder erziehen, bilden und betreuen. Lehrbuch für Ausbildung und Beruf. Düsseldorf: Cornelsen. S. 188-234.

Koglin, U.; Petermann, F. (2010): Psychologie. In: Kinder erziehen, bilden und betreuen. Lehrbuch für Ausbildung und Beruf. Düsseldorf: Cornelsen. S.286-343.

König, A. (2007): Dialogisch-entwickelnde Interaktionsprozesse als Ausgangspunkt für die Bildungsarbeit im Kindergarten. In: Carle, U. & Wenzel, D. (Hrsg.): Frühes Lernen, Jahrgang 4, Ausgabe 1.

Laevers, F. (Hrsg.)(2007): Die Die Leuvener Engagiertheitsskala für Kinder. Handbuch mit DVD. Wegberg: Erfahrung und Lernen.

Laewen, H.J. (2002): Bildung und Erziehung in Kindertageseinrichtungen. In: Laewen, H.J.; Andres,B. (Hrsg.). Bildung und Erziehung in der frühen Kindheit: Bausteine zum Bildungsauftrag von Kindertageseinrichtungen. Weinheim und Basel: Beltz. S.16–102.

Largo, R.H. (2001): Kinderjahre. Die Individualität des Kindes als erzieherische Herausforderung. München und Zürich: piper.

Lepold, M. (2016): Beobachtungs-und Dokumentationsverfahren. Eine Lernaufgabe für den pädagogikunterricht. Baltmannsweiler: Schneider Verlag Hohengehren.

Lepold, M.; Lill, Th. (2017): Dialogisches portfolio. Alltagsintegrierte Entwicklungsdokumentation. Freiburg: Herder Verlag.

Leu, H.R. (2006): Beobachtung in der Praxis. In: Fried, L.; Roux, S. (Hrsg.). Pädagogik der frühen Kindheit. Handbuch und Nachschlagewerk. Weinheim und Basel: Beltz-Verlag. S.232–252.

Leu, H.R.; Flämig, K.; Frankenstein, Y.; Koch, S.; Pack, I.; Schneider, K.; Schweiger, M. (2007): Bildungs-und Lerngeschichten. Bildungsprozesse in früher Kindheit beobachten, dokumentieren und unterstützen. Berlin: Verlag das netz.

Leu, H.R.; Fläming, K.; Frankenstein, Y.; Koch, S.; Pack, I.; Schneider, K.; Schweiger, M. (2010): Bildungs-und Lerngeschichten. Bildungsprozesse in früher Kindheit beobachten, dokumentieren und unterstützen. Weimar: Verlag das netz.

Lichtenauer N.; Reif M.; Orichel M.; Schramm E.; Starnecker B.; Wagenhuber U.; Borck L. (2011): in Fördern-Heilen-Stärken, Kinder und Jugendmedizin in der Inn-Salzach-Region, Kapitel 21. Ergotherapie-Eine Information für patienten und Ihre Eltern, Gebr. Geiselberger GmbH Druck & Verlag, Altötting.

Macha, T. (2010): Skript zur Fortbildung ET6–6. Universität Bremen.

Macha, T. (2018): Entwicklungsidagnostik. http://entwicklungsdiagnostik.de/entwicklungsrisiken. html (bes. am 12.9.2018).

Maietta, L. & Hatch F. (2004): Kinaesthetics Infant Handling-Beobachtung und Analyse der Fachkraft-Kind-Bewegungsinteraktion. Bern: Huber.

Mayr, T.; Ulich, M. (2017): Positive Entwicklung und Resilienz im Kindergartenalltag. Freiburg: Herder.

Mayr,T.; Bauer, CH.; Krause, M. (2002): KOMPIK-Kompetenzen und Interessen von Kindern. Ifp-Staatsinstitut für Frühpädagogik in Kooperation mit der Bertelsmann Stiftung. München: Staatsinstitut für Frühpädagogik.

Mayr, T.; Ulrich, M. (2006): Perik-Positive Entwicklung und Resilienz im Kindergartenalltag.

Mayr, T.; Ulrich, M. (2007): Perik-Positive Entwicklung und Resilienz im Kindergartenalltag. Beobachtungsbogen. URL: https://www.ifp.bayern.de/imperia/md/content/stmas/ifp/sprachberater_perik.pdf (eingesehen am 31.07.2019, 12:00 Uhr MEZ).

Michaelis, R. (2003): Validierte Grenzsteine in der Entwicklung-Ein Fruhwarnsystemfur

Risikolage. Berlin: Infans.

Ministerium für Bildung, Frauen und Jugend, Rheinland-pfalz (2004): Bildungs-und Erziehungsempfehlungen für Kindertagesstätten in Rheinland-pfalz.

Mischo, Ch.; Weltzien, D.; Fröhlich-Gildhoff (2011): Beobachtungs-und Diagnoseverfahren in der Frühpädagogik. 1. Auflage. Kronach: Carl Link Verlag.

Montada, L. (2008): Fragen, Konzepte, perspektiven. In: Oerter, R.; Montada, L. (Hrsg.). Entwicklungspsychologie. Weinheim und Basel: Beltz-Verlag. S. 3–46.

Moosbrugger, H.; Kelava, A. (Hrsg.)(2011): Testtheorie und Fragebogenkonstruktion. Berlin: Springer.

Nentwig-Gesemann I.; Nicolai, K. (2014): Pädagogische Fachkräfte als selbst-reflexive und forschende professionelle. In: Völkel, P.; Wihstutz, A. (Hrsg.): Das berufliche Selbstverständnis pädagogischer Fachkräfte. Köln: Bildungsverlag EINS.

Neuß, N. (2007): Bildungs-und Lerngeschichten im Kindergarten. Konzepte-Methoden-Beispiele. Berlin: Cornelsen.

Petermann, F.; Stein, I.A.; Macha, T. (2008): ET 6–6. Frankfurt/M.: pearson Assessment.

Petermann, U. & Petermann, F. (2010): Training mit sozial unsicheren Kindern. Weinheim: Beltz.

Petermann, F.; Petermann, U. (2012): Training mit aggressiven Kindern. Weinheim: Beltz.

Pfreundner, M. (2015): Auffälliges Verhalten von Kindern aus systemischer Sicht. Ion: Kindergarten heute spezial. Themenheft zu fachwissenschaftlichen Inhalten.

Pianta, R.C.; La paro, K.M. & B.K. & Hamre (2007): Classroom Assessment Scoring System. Manual pre-K. Baltimore: Brookes.

Pohlmann, U.; Kaiser-Hylla, C.; Herzog, S.; Schneider, A. (2016): Haltung entwickeln-Qualität zeigen. Ein Kompass zur Eltern-, Familioen-und Sozialraumorientierung. Berlin: Verlag das netz.

Schäfer, G.; Alemzadeh, M. (2012): Wahrnehmendes Beobachten. Berlin: Verlag das netz.

Schäfer, G.E. (2011): Aufgaben frühkindlicher Bildung. In: Schäfer, G.E.(Hrsg.). Bildung beginnt mit der Geburt. Für eine Kultur des Lernens in Kindertageseinrichtungen. Berlin: Cornelsen. S. 75–178.

Schönrade, S.; Pütz, G.; Wedel, M. (2008): Die Abenteuer der kleinen Hexe-Bewegung und Wahrnehmung. Dortmund: borgmann publishing.

Schönrade, S.; Pütz, G.; Wedel, M. (2010): Die Sprachabenteuer der kleinen Hexe-Sprache beobachten, verstehen, beurteilen und fördern. Dortmund: borgmann publishing.

Schuster, K.; Viernickel, S.; Weltzien, D. (2006): Bildungsmanagement: Methoden und Instrumente der Umsetzung pädagogischer Konzepte. Studienbuch 11 zum Bildungs-und Sozialmanagement. Remagen: Ibus-Verlag.

Schuster-Lang, K.; Viernickel, S.; Weltzien, D. (2008): Bildungsmanagement: Methoden und Instrumente der Umsetzung pädagogischer Konzepte. Remagen: Ibus-Verlag.

Schweitzer, Ch.(2013): Reicht der Blick auf die Stärken der Kinder? Der Stellenwert der ressourcen-orientierten Analyse für die Entwicklungsbegleitung. In: Theorie und praxis der Sozialpädagogik 10/2013, S. 13-15.

Seifert, H. (2016): Früher Fremdsprachenerwerb im Elementarbereich. Eine empirische Videostudie zu Erzieherin-Kind-Interaktionen in einer deutsch-englischen Krippeneinrichtung. Tübingen: Narr Franke Attempto Verlag.

Solzbacher, C.; Schwer, Ch.; Behrensen, B.(2014): Förderung durch Beziehungsorientierung. In: Schwer, Ch.; Solzbacher, C. (Hrsg.): professionelle pädagogische Haltung. Bad Heilbrunn: Verlag Julius Klinkhardt.

Storch, M.; Kuhl, J.(2011): Die Kraft aus dem Selbst. Sieben psychoGyms für das Unbewusste. Bern: Huber.

Strätz, R.; Demandewitz, H. (2005): Beobachten und Dokumentieren in Tageseinrichtungen für Kinder. Weinheim: Beltz.

Sylva, K.; Melhuish., M; Sammons, P.; Siraj-Blatchford, I and, Taggart, B. (2004): The Effective provision of pre School Education (EPPE) project; Findings from the pre School period. Institute of Education, University of London/ Department for Education and Skills/Sure Start: London. Green open access.

Teschmer, C. (2014): Mitgefühl als Weg zur Werte-Bildung. Elementarpädagogische Forschung zur Beziehungsfähigkeit als emotional-soziale Kompetenzentwicklung im Kontext religiöser Bildungsprozesse. Osnabrück: Universitätsverlag.

Tietze, W. (Hrsg.) (2007): Pädagogische Qualität entwickeln. 2. Auflage. Berlin: Cornelsen Verlag.

Toni Mayr, Christine Bauer und Martin Krause (2002): KOMPIK-Kompetenzen und Interessen von Kindern. Ifp-Staatsinstitut für Frühpädagogik in Kooperation mit der Bertelsmann Stiftung. München.

Tröster, H.; Flender, J.; Reineke, D.; Wolf, S.M. (2016): DESK 3-6 R. Dortmunder Entwicklungsscreening für den Kindergarten-Revision. Göttingen: Hogrefe.

Ulrich-Uebel, A. (2007): Teamentwicklung initiieren und begleiten. In: praxis Beobachtung. Auf dem Weg zu individuellen Bildungs-Erziehungsplänen. Berlin: Cornelsen.

Viernickel, S. (2010) Beobachtung erzeugt Resonanzen. Warum Beobachten und pädagogisches Handeln unbedingt zusammengehören. Kindergarten heute (11 12), Freiburg: Herder. (8-15).

Viernickel, S.; Völkel, P. (2009): Beobachten und Dokumentieren im pädagogischen Alltag. (5.

Aufl.). Freiburg: Herder-Verlag.

Wehinger, U. (2016): Eltern beraten, begeistern, einbeziehen. Erziehungspartnerschaft in der Kita. Freiburg: Herder Verlag.

Weiß, R.H.; Osterland, J. (2012): Grundintelligenztest Skala 1-R. Göttingen: Hogrefe.

Weltzien, D. (2009): Beobachtung und Erziehungspartnerschaft. Abschlussbericht der wissenschaftlichen Begleitung. Ludwigshafen: www.offensive-bildung.de.

Weltzien, D. (2016): pädagogik: Die Gestaltung von Interaktionen in der Kita: Merkmale-Beobachtung-Reflexion. Weinheim: Beltz.

Weltzien, D.; Huber-Kebbe, A.; Bücklein, Ch. (2018): GInA-Gestaltung von Interaktionsgelegenheiten im Alltag. Freiburg: Herder Verlag.

Weltzien, D.; Kebbe, A. (2011): Handbuch der Gesprächsführung in der Kita. Freiburg: Herder Verlag.

图书在版编目(CIP)数据

儿童早期发展中的观察与评估/(德)沃尔夫冈·波特,(德)西尔维娅·海尔楚格,(德)克莉丝汀·诺恩海姆著;王晓译. —上海:复旦大学出版社,2021.8
ISBN 978-7-309-15527-3

Ⅰ.①儿… Ⅱ.①沃…②西…③克…④王… Ⅲ.①儿童教育-早期教育 Ⅳ.①G61

中国版本图书馆 CIP 数据核字(2021)第 041610 号

儿童早期发展中的观察与评估
(德)沃尔夫冈·波特 (德)西尔维娅·海尔楚格 (德)克莉丝汀·诺恩海姆 著
王 晓 译
图书策划/郁新颖
策划编辑/查 莉
责任编辑/夏梦雪

复旦大学出版社有限公司出版发行
上海市国权路 579 号 邮编:200433
网址:fupnet@fudanpress.com http://www.fudanpress.com
门市零售:86-21-65102580 团体订购:86-21-65104505
出版部电话:86-21-65642845
上海盛通时代印刷有限公司

开本 787×1092 1/16 印张 9 字数 174 千
2021 年 8 月第 1 版第 1 次印刷

ISBN 978-7-309-15527-3/G·2212
定价:68.00 元

如有印装质量问题,请向复旦大学出版社有限公司出版部调换。
版权所有 侵权必究